Patricia L. Mischell

DENK' POSITIV!

Wege zu körperlicher und spiritueller Harmonie

Deutsche
Erstveröffentlichung

GOLDMANN VERLAG

Aus dem Amerikanischen übertragen von Angelika Feilhauer
Titel der Originalausgabe: Beyond Positive Thinking
Originalverlag: Prentice-Hall, Inc., New Jersey

Made in Germany · 10/86 · 1. Auflage
© der Originalausgabe 1985 by Prentice-Hall, Inc.,
»Original English language edition published by Prentice-Hall, Inc.,
Englewood Cliffs, New Jersey 07632. All rights reserved.«
© der deutschsprachigen Ausgabe 1986
by Wilhelm Goldmann Verlag, München
Umschlagentwurf: Design Team München
Umschlagillustration: Design Team München
Satz: IBV Satz- und Datentechnik GmbH, Berlin
Druck: Elsnerdruck, Berlin
Verlagsnummer: 11779
Lektorat: Werner Morawetz
Herstellung: Peter Papenbrok
ISBN 3-442-11779-8

Inhalt

Vorwort

Bevor Sie weiterblättern...
Sie haben dieses Buch nicht zufällig in die Hand genommen. Sie
wenden seine Seiten durch göttliche Vorsehung. Sie werden feststellen, daß Sie ganz persönlich Mittelpunkt und Zweck dieses
Buches sind. Es verspricht Ihnen das zu geben, was Sie brauchen,
nicht, weil es eine besondere menschliche Leistung darstellt oder
literarisch einzigartig ist, sondern weil es Ihnen in unserem
furchterregenden Atomzeitalter eine gesunde, zuverlässige und
befriedigende Antwort auf die miteinander verflochtenen Probleme von Geist, Seele und Gemüt bietet.
Ist Ihr Verhalten oft zynisch, rücksichtslos, schroff und unbarmherzig? Haben Sie versucht, Positives Denken in Ihr Leben ein-
zubeziehen, doch es ist Ihnen nicht gelungen? Sollte dies der Fall
sein, so werden Sie mit Hilfe dieses Buches Bewußtseinstechniken erlernen, die Ihre Denkweisen ändern und Sie auf eine Ebene
führen, die weit über das Positive Denken hinausgeht. Sie werden lernen, Negatives in sich zu löschen, eine positive Haltung
anzunehmen und von tiefsitzenden Ängsten oder Haßgefühlen
loszulassen.
Wenn Sie nach innerem Frieden suchen, vermittelt Ihnen dieses
Buch eine unkomplizierte Anleitung zu dauerhafter Ruhe und
Harmonie. Benötigt sowohl Ihr Körper als auch Ihr Gemüt Heilung, dann lernen Sie aus meiner persönlichen Erfahrung, wie Sie
sich durch die Kräfte Ihres Geistes und Ihres Höheren Selbst sel-
ber heilen. Beginnen Sie, die sechzehn Schritte zu besserer Gesundheit zu befolgen, und Sie werden sich bald wie ein neuer
Mensch fühlen.
Lassen Sie sich voller Unsicherheit und Unentschlossenheit dahintreiben? Wird Ihr Leben durch Situationen bestimmt, denen

Sie hilflos gegenüberstehen? Ist dies der Fall, wird Ihnen dieses Buch zeigen, wie Sie die Verantwortung für Ihr Leben übernehmen können. Sie werden in der Lage sein, zuversichtlich Entscheidungen zu treffen und die höchsten Erwartungen in Ihrem Leben zielstrebig zu verfolgen.

Wenn Sie die Hoffnungslosigkeit, den Streß und die Belastungen Ihres Lebens unerträglich finden, tauschen Sie Hoffnungslosigkeit gegen Hoffnung ein, indem Sie die Verantwortung für Ihre Vorstellungen und Gedanken tragen. Erkennen Sie, daß es Ihnen als einem Kind des Höchsten Geistes bestimmt ist, Anspruch auf Ihr Erbe zu erheben – auf Freude, Liebe, Glück und Erfolg. Armut und Entbehrung sind Ihnen nicht bestimmt. Während der Lektüre werden Sie sich immer wieder mit vielen Situationen und Vorstellungen, die dieses Buch beschreibt, identifizieren können, und Sie werden sich dabei ertappen, daß Sie denken: »Oh, das klingt ja ganz nach *mir*!«

Dieses Buch spiegelt wider, was ich während meiner eigenen wundersamen Heilung lernte. Es enthält die Weisheit von Männern und Frauen wie Sie, mit denen ich über die Bewußtseinstechniken sprach, während ich ihnen half, inneren Frieden zu finden und ihre unausgesprochenen Träume zu verwirklichen. Sie sehen also, dieses Buch ist nicht nur das Ergebnis von Studien und Untersuchungen. Vielmehr entstand es aus den Hoffnungen und Ängsten, dem Glück und Leiden des täglichen Lebens. Die in diesem Buch behandelten Bewußtseinstechniken sind jahrhundertealt – und so einfach, daß ihnen lange Zeit niemand Beachtung schenkte. Sie sind weder zeitraubend noch schwierig zu erlernen. Wenn Sie diese Techniken anwenden, können Sie Ängstlichkeit, Anspannung, Mißerfolg und Krankheit durch Frieden, Harmonie, Gesundheit und Erfolg ersetzen.

Besonders dankbar bin ich meinen Schülerinnen und Schülern, die zu zahlreich sind, um sie einzeln zu nennen, für ihre Unterstützung und Freundschaft. Ohne ihre Hilfe und Anregungen wäre dieses Buch nicht zustande gekommen. Eine unter ihnen, Maureen Kovich, stellte die finanziellen Mittel für die Vorbereitung dieses Buches zur Verfügung. Ich danke auch Clare Wul-

ker, die mir half, das Manuskript für die Veröffentlichung fertig-
zustellen.

Tiefe Dankbarkeit empfinde ich meiner Familie gegenüber, die
mir Liebe und Unterstützung gewährte: gegenüber meinen
Schwestern Mary Lou Diener und Wanda Smith, die ihr Leben
mit mir teilen, meinem Schwiegersohn Jim Steinkamp für seine
Ermutigung, meiner Großmutter Ann Mary Tabor für ihre An-
regung und Bestärkung, meiner Mutter Gladys Wuebbling für
ihre Liebe, Disziplin und verständnisvolle Führung und meinem
Stiefvater Frank Wuebbling für seine Geduld.

Erstes Kapitel

Werden Sie eine neue Schöpfung

Sie sind verantwortlich für Ihr Leben – Ihre Ideen, Gedanken und Vorstellungen bestimmen Ihr Leben. Warum übernehmen Sie diese Verantwortung nicht noch heute? Steuern Sie die Kraft Ihrer Vorstellungen oder Ideen bewußt, und Sie können Ihr Leben verändern. In der Geschichte der Menschheit hat sich die Weisheit von Victor Hugos Feststellung immer wieder bestätigt: »Einer Invasion von Armeen kann widerstanden werden, nicht aber einer Idee, deren Zeit gekommen ist.« In Rußland schlug Lenin mit seiner Feder eine mächtige Armee und unterjochte durch die Macht seiner Ideen Millionen von Menschen. Jahrzehnte später bewirkten die Ideen von Martin Luther King eine Bewegung, die Millionen von unterdrückten Menschen die Bürgerrechte verschaffen sollte – wieder eine Idee, deren Zeit gekommen war.

Ihre Zeit ist auch gekommen. Heute. Nicht nur bedeutende Persönlichkeiten der Geschichte hatten Ideen, die das Leben der Zeit veränderten. Ihre Ideen entspringen der gleichen Quelle, die sich auch Lenin und King zunutze machten. Nun ist es an der Zeit, die ungeheure Macht *Ihrer* eigenen Ideen, Gedanken und Vorstellungen zu erkennen und sich ihrer Kraft gewahr zu werden, damit Sie Ihr Leben verändern können. In den folgenden Kapiteln werde ich Ihnen zeigen, wie Sie durch Ihre Vorstellungen jene Dinge anziehen, die Sie sich wünschen, und verhindern, daß künftig Umstände eintreten, die Ihr Leben einschränken. Diese Methode geht weit über Positives Denken und Gedankenkraft hinaus, weil durch ihre spirituelle Orientierung Ihr ganzes Leben betroffen ist.

Glauben Sie, daß es für Sie keine Hilfe gibt? Haben Sie Bücher über Selbsthilfe gelesen und Berater aufgesucht, und trotzdem hat sich nichts geändert? Fürchten Sie, daß Sie wirklich ein hoffnungsloser Fall sind? Auch ich war an diesem Tiefpunkt angelangt, und weil ich andere davor bewahren möchte, habe ich dieses Buch geschrieben.

Vor zehn Jahren, während ich als Büroleiterin tätig war, begann meine Welt aus den Fugen zu geraten. Meine rheumatische Arthritis verschlimmerte sich, ich war nicht mehr in der Lage zu arbeiten und konnte kaum noch meine Kinder ernähren. Mein Mann hatte uns verlassen, und da ich keinen Unterhalt für die Kinder erhielt, sah ich mich gezwungen, Sozialhilfe zu beantragen. Ich war so stark behindert, daß mich meine Kinder stützen mußten, wenn ich die Treppe hinaufgehen wollte. Mußte ich den Deckel einer Speiseölflasche öffnen, wartete ich, bis eines der Kinder aus der Schule kam, weil ich es allein nicht schaffte. Ich litt unter ständigen Schmerzen und sah nur eine Zukunft für mich: als Sozialhilfeempfängerin im Rollstuhl. Ich fühlte mich wertlos, körperlich am Ende und geistig ohne jede Hoffnung. Dann gab mir jemand das Buch *Die Macht Ihres Unterbewußtseins** von Dr. Joseph Murphy in die Hand. Darin erfuhr ich, daß unsere Gedanken etwas Reales sind, und sich was immer wir denken und an unser Umfeld weitergeben – in unserem Leben manifestieren wird. Diese Vorstellung eröffnete mir das Tor zur Freiheit. Für mich begann ein Suchen, das ununterbrochen andauerte. Die Beweggründe für mein Suchen waren keineswegs so subtil wie Wissensdurst oder eine spirituelle Sehnsucht, denn zu diesem Zeitpunkt beherrschte der Schmerz mein Leben, und ich war mir nicht bewußt, daß mir im geistig-seelischen Bereich etwas fehlte. Ich suchte nach Erlösung von meinen Schmerzen und stieß dabei auf eine Bewußtseinstechnik, die Erfolg versprach. Je mehr ich über die Macht der Gedanken und Ideen las und dar-

---

* Murphy, Joseph: Die Macht Ihres Unterbewußtseins, Genf. 33. Aufl. 1985

über, welche Rolle sie in meinem Leben spielen konnten, um so offener und wissensdurstiger wurde ich.

Zwei- oder dreimal täglich affirmierte ich nun: »Mein Körper ist vollkommen und heil. Jede Zelle ist vollkommen und heil. Jeder Knochen ist vollkommen und heil.« Beachten Sie bitte, daß ich bejahend sagte, mein Körper *ist*, nicht mein Körper *wird sein*. Darüber hinaus arbeitete ich mit Visualisation. Vierunddreißig Sekunden lang sah ich mich vor meinem geistigen Auge gesund und vollkommen – so, wie ich es zu einer anderen Zeit in meinem Leben gewesen war. Ich spürte mich dabei und erinnerte mich, wie es ist, wenn man sich wohl fühlt. Und ich meditierte jeden Tag dreißig Minuten. Nach sechs Monaten fing mein Körper an auf die Ideen, die ich ihm eingab, zu reagieren. Mein Geist, meine Welt und mein Leben begannen eine neue Wahrheit, einen neuen Anfang zu finden.

Wie Dr. Murphy erlebte auch ich eine vollständige Heilung. Und deshalb habe ich mein Leben der Aufgabe gewidmet, anderen das zu lehren, was ich durch meine Erfahrungen und Studien selbst lernte. Zunächst organisierte ich bei mir zu Hause Selbsterfahrungsgruppen. Dann eröffnete ich ein gemeinnütziges Heil- und Beratungszentrum für die Kranken und Hoffnungslosen, das ich *House of HOPE** nannte. HOPE ist die Abkürzung für ›Help Other People Evolve‹**, denn das ist unser Ziel. Unsere Prinzipien unterscheiden sich grundlegend von denen medizinischer Kliniken. Ärzte übernehmen eine Art Führungsrolle, sie sagen den Kranken, was sie tun müssen, um sich besser zu fühlen, und die Patienten auf der anderen Seite werden zu passiven Empfängern. In meinem Zentrum gibt es weder Ärzte noch Patienten. Wir sind alle Lehrer, die einander lehren, und Lernende. Und wenn Sie Kapitel 4 gelesen haben, werden Sie verstehen, warum wir alle Lehrer sind.

Mein HOPE-Zentrum entstand aus egoistischen Motiven. Alle Freiwilligen und ich wurden dadurch geheilt, daß wir halfen, an-

---

* HOPE = Hoffnung
** Helft anderen Menschen bei der Weiterentwicklung

dere zu heilen. Wir sahen unsere Aufgabe nicht darin, andere Menschen ändern zu wollen, sondern um selbst ein Gefühl von innerem Frieden zu finden, indem wir zu geben lernten.

Wir sahen uns von einer Gesellschaft umgeben, die großes Gewicht auf Besitz, Konkurrenzdenken und damit verbundener Angst legt, doch glücklicherweise scheinen immer mehr Menschen zu einer inneren Bewußtheit zu erwachen, die ihnen offenbart, daß es vielleicht auch einen anderen Weg gibt, einen Weg, zu lernen, wie wir geben können, ohne eine Gegenleistung zu erwarten. Vielleicht können wir einen anderen Menschen tatsächlich *akzeptieren*, statt zu versuchen ihn zu *ändern*. Zukunft und Vergangenheit sind irrelevant, die einzige Zeit, die zählt, ist das *Jetzt*.

Dieses Buch ist mein Versuch, meine Botschaft vom inneren Frieden mit mehr Menschen zu teilen, als ich durch mein Zentrum erreichen kann. Zunächst werde ich in diesem Kapitel einige der Techniken darstellen, die ich benutze und anderen lehre, um ihr Leben zu verändern. Auch Sie werden diese Techniken sofort anwenden können, sogar noch bevor Sie die anderen Kapitel gelesen haben, um herauszufinden, warum sie funktionieren.

Kapitel 2 beschreibt die Gesetze der Unendlichen Intelligenz, wie ich sie aus der Bibel lernte, und erklärt, in welcher Beziehung diese Gesetze zu unserem Leben stehen. In Kapitel 3 behandle ich Bewußtsein und Unterbewußtsein wie auch den Höchsten Geist und erkläre, auf welche Weise diese geistigen Ebenen zusammenwirken, um uns zu führen.

Kapitel 4 befaßt sich mit der Macht der Liebe in Ihrem Leben: der Liebe zu sich selbst, zu Ihrem Höheren Selbst, Ihrem Partner und allen anderen Menschen. In Kapitel 5 werden Sie lernen, sich Ziele zu setzen, damit Sie Ihr verborgenes Potential entdecken und nutzen und Ihre Vorstellungskraft uneingeschränkt einsetzen können.

Kapitel 6 unterweist Sie darin, wie man *losläßt*, damit der Höchste Geist walten kann, und es macht nachdrücklich klar, wie wichtig es ist, Lektionen zu erkennen, die wir in unserem Leben lernen müssen. Wir verursachen einen Kurzschluß in unserer Energie, wenn wir an negativen Gedanken festhalten, und bewegen uns im Kreis, wenn wir die Lektionen des Lebens außer acht lassen. Kapitel 7 beschreibt, wie gebetet wird, und welche Bedeutung das Gebet in Ihrem Leben hat.

Kapitel 8 enthält genaue Anleitungen für die Meditation. Ich empfehle jedem, dreißig Minuten täglich zu meditieren. In Kapitel 9 finden Sie unter anderem ein Heilgebet, das Sie beten sollten, bevor Sie eine neue Affirmation benutzen, sowie Affirmationen, die Sie in vielen Situationen anwenden können.

Jenseits der Grenzen des Positiven Denkens

Da Sie nun die Absicht dieses Buches kennen, ist es an der Zeit, Ihre Reise zu innerem Frieden anzutreten. Wenn es Ihnen nach der Lektüre dieses Kapitels noch schwer fällt, bei Ihren Affirmationen und Visualisierungen positiv zu empfinden, sind Sie wahrscheinlich noch zu negativ eingestellt. Sie bemitleiden sich selbst und sind mißtrauisch, kritisieren und leiden unter Minderwertigkeitsgefühlen. Die Struktur Ihrer Persönlichkeit ist pessimistisch. Sie sind rücksichtslos, unbarmherzig und gefühllos. Dadurch ernten Sie Sorgen, Anspannung, Streß, Krankheit und Mißerfolg.

Negative Persönlichkeiten sind...
● voller Angst, Haß und Zweifel,
● rücksichtslos, unbarmherzig, kalt, grob, pessimistisch, schwach, langweilig, reizbar und verbittert,
● erfüllt von Frustration, Spannung, Depression, Sorge, Krankheit, Mutlosigkeit, Einsamkeit, Langeweile und Unglücklichsein.

Wenn einige der Merkmale der negativen Persönlichkeit auf Sie zutreffen, streichen Sie die Sätze »Ich kann nicht«, »Es klappt nicht« und »Ich bin nicht« aus Ihrem Wortschatz. Unterbrechen Sie sich jedesmal, wenn Ihnen diese Worte auf der Zunge liegen.

Haben Sie erst einmal damit begonnen, positiv von sich zu denken, werden Ihnen diese negativen Aussagen auch bewußter werden. Sobald Sie sich selbst sagen hören »Das kann ich nicht«, oder »Das wird sowieso nicht klappen«, müssen Sie lediglich sagen *löschen*. Dieses Zauberwort wird diese negativen Gedanken in Ihrem Unterbewußtsein tilgen.

Während ich die negative Atmosphäre bei mir zu Hause in eine positive umwandelte, brachte ich überall im Haus Schilder an, auf denen *Löschen* stand, und die mir und meinen Kindern als Erinnerung dienen sollten. Außerdem waren wir von Schildern umgeben, die verkündeten *Ich bin, Ich kann, Ich will*. Besonders häufig frequentierte Orte, wie etwa die Kühlschranktür oder der Badezimmerspiegel, sind ideale Plätze für derartige Schilder.

Positive Persönlichkeiten sind...

- erfüllt mit Liebe, Glauben und Hoffnung,
- fröhlich, freundlich, begeisterungs- und entscheidungsfähig, warm, gelöst, mutig, aufrichtig und optimistisch,
- voller Liebe, innerem Frieden, Sicherheit, Glück, Gesundheit, Erfolg, Anerkennung, Kraft und Freundschaft.

Wie können Sie erkennen, ob Ihr Leben positiv ist? Sie werden voller Zuversicht, Glauben und Hoffnung sein. Ihre Persönlichkeit ist optimistisch, aufrichtig, gelöst und begeisterungsfähig. Dadurch werden Sie zu Erfolg, Gesundheit, Glück, Liebe und innerem Wachstum gelangen. Sie werden die Worte »Ich kann« »Es wird klappen« »Ich will« und »Ich bin« benutzen. Und vor allen Dingen werden Sie inneren Frieden verspüren.

Wußten Sie, daß

- nach Untersuchungen von Wissenschaftlern Angst jenes Gefühl ist, welches den Magen am stärksten schädigt, weil es zur Bildung von Magengeschwüren führt?
- neurotische Mäuseweibchen mit größerer Wahrscheinlich-

keit Brustkrebs bekommen als Mäuseweibchen mit einem gesunden Nervensystem?

- Menschen, an denen Sorgen und Ärger nagen, leichter von Infektionen heimgesucht werden?
- der Gemütszustand in der Pubertät eine wichtige Rolle bei der Entstehung von Akne spielt, einem Leiden, welches manchmal durch Gespräche gelindert werden kann?
- starke innere Anspannung zu akuter Karies führen kann?
- emotionale Probleme eine Blinddarmentzündung auslösen können?
- Asthma psychische Ursachen hat und eher ein Symptom als eine Krankheit ist?
- das Klima keinen Einfluß auf Allergien, Erkältungen oder Bronchitis hat?

All diese Leiden sind auf Anspannung zurückzuführen. Angst, Anspannung, Sorge und Nervosität können Schmerzen und Leiden auslösen; selbst *vorgestellte* Angst kann uns echten körperlichen Schaden zufügen. Beseitigen Sie die negativen Einflüsse in Ihrem Leben, und Ihre Gesundheit wird sich bessern.
Wenn die Vorstellung von Angst einen so mächtigen Einfluß hat, denken Sie umgekehrt daran, was Gedanken an Liebe, Glauben, Vertrauen und Gesundheit bewirken können! Warum haben die Universitäten, die Ärzte und Psychologen ausbilden, die Macht der Suggestion bei der Heilung von Seele und Körper lange Zeit nicht erkannt? Medizin, Chiropraktik und Osteopathie sind Wissenschaften, die den Körper behandeln, um Krankheiten zu lindern. Sie haben alle ihren Platz im Heilungsprozeß, doch wenn eine Krankheit psychische Ursachen hat, versagt die Behandlung körperlicher Symptome. Psychotherapie und Psychiatrie sind Methoden, die Geist und Seele behandeln, um Krankheiten zu heilen. Sie helfen tatsächlich vielen Menschen, doch versagen sie dort, wo die Leiden rein körperlichen Ursprungs sind. Warum? Weil sie nicht in Einklag mit den Gesetzen des Lebens und denen des Universums stehen.
Um sich vor körperlichen Leiden zu schützen, ist es hilfreich zu

erkennen, daß das, was Ihnen vielleicht negativ erscheint, in Wirklichkeit sehr positiv sein kann. So bekommen Sie möglicherweise ein Magengeschwür, weil Sie sich Sorgen machen, daß Sie Ihre Arbeit verlieren oder keine bessere Stellung finden, wenn Sie die alte aufgeben. Denken Sie daran, daß einige der glücklichsten Momente im Leben häufig nach Zeiten der Verzweiflung eintreten. Glück bedeutet nicht immer, alles das zu bekommen, was man haben möchte. Damit eine Lampe brennt, sind sowohl negative als auch positive Energien erforderlich. Und auf ähnliche Weise ergänzen sich diese Faktoren auch in unserem Leben. Gehen Sie einen Schritt weiter und über die Grenzen des Positiven Denkens hinaus, dann lernen Sie auch, mit den negativen Faktoren in Ihrem Leben fertig zu werden. Laufen Sie nicht vor ihnen davon. *Lernen* Sie aus ihnen.

Wenn Sie vor einem ernsten Problem stehen, fragen Sie sich: »Welche Handlungsmöglichkeiten habe ich im Augenblick? Kann ich das Problem irgendwie verändern? Kann ich es beseitigen?« Wenn Sie das Problem nicht aus der Welt schaffen können, dann passen Sie sich der Situation an. Indem Sie ihre Einstellungen gegenüber dem Problem und Ihr Denken verändern, können Sie verhindern, daß Ihr Körper durch Ihre inneren Ängste Schaden nimmt. Wann immer Ihnen ein Problem bedrohlich erscheint, beschwören Sie einen starken positiven Glauben, um Ihren Körper zu schützen. Sie haben die Wahl: Sie können in jeder Situation das Negative als auch das Positive verstärken. Diese Freiheit der Wahl wird in Kapitel 6 ausführlicher behandelt.

Erinnern Sie sich: Wann haben Sie das letzte Mal inbrünstig für etwas gebetet oder sogar positiv darüber gedacht und erhielten es dennoch nicht? Der Grund, warum Ihr Verlangen nicht erfüllt wurde, liegt in dem Unterschied der Inhalte der beiden Begriffe *Halluzination* und *geistiges Bild*. Eine Halluzination ist jede falsche oder irrtümliche Vorstellung, eine Selbsttäuschung. Ein geistiges Bild ist ein plastisches Abbild, das der Spiegelung, Reflexion und Projektion dient. Positive Gedanken und sogar Gebete können nicht zu den gewünschten Ergebnissen führen, wenn Ihr geistiges Bild nicht mit dem der Unendlichen Intelligenz übereinstimmt und nicht zu Ihrem Wohl ist. Beispiel: Möglicherweise beten Sie, daß sich ein ungeheuer attraktiver Mensch, den Sie jeden Tag im Bus sehen, in Sie verliebt. In Wirklichkeit aber vergiftet der oder die Betreffende vielleicht langsam seine Frau beziehungsweise ihren Mann, um das Geld von der Lebensversicherung zu bekommen. Das ist ein schreckliches Beispiel, gewiß, aber Sie verstehen, worauf ich hinaus will – Sie haben sich anstelle eines geistigen Bildes einer Halluzination bedient. Vergewissern Sie sich also, daß Ihre geistigen Bilder *keine* Selbsttäuschungen sind.

Die folgende Geschichte verdeutlicht ebenfalls den Unterschied zwischen Halluzination und geistigem Bild. Eines Tages beobachtete ein Mann, wie seine Frau das Ende einer Lammkeule abhackte, und er fragte: »Liebling, warum tust du das?« Sie antwortete: »Weil meine Mutter das immer so gemacht hat.«

Eine Woche später besuchte der Mann seine Schwiegermutter und fragte sie: »Warum hackst du bei einer Lammkeule immer das Ende ab?« Sie antwortete: »Weil meine Mutter das immer so gemacht hat.«

Mehrere Monate später traf er die Großmutter und fragte: »Großmutter, warum hackst du bei einer Lammkeule immer das Ende ab?« Sie antwortete: »Junge, ich habe keinen größeren Topf als diesen«, und sie holte einen sehr kleinen Topf hervor. Das war ihr Grund, warum sie das Ende der Lammkeule stets abhackte. Und so machte sich Generation um Generation einen Brauch zu eigen, der auf einer Täuschung basierte und nicht auf einem geistigen Bild.

Techniken des Positiven Denkens

Affirmation. Das Wort *affirmieren* bedeutet, etwas *bekräftigen, bejahen.* Wenn Sie an zweiundzwanzig aufeinanderfolgenden Tagen eine bestimmte Affirmation wiederholen, wird Ihr Unterbewußtsein positiv auf das, was Sie sagen, reagieren und – was immer Sie sich wünschen – in Ihrem Leben Wirklichkeit werden lassen. Wiederholen Sie die Affirmation dreimal täglich drei bis vier Minuten und empfinden Sie das, was Sie affirmieren, auch wirklich.

Ein Heilgebet. Bevor Sie beginnen, die Technik der Affirmation anzuwenden, die im vorangegangenen Abschnitt beschrieben wurde, sprechen Sie zunächst dieses Heilgebet:

O Höheres Selbst, du, das alle meine Gedanken liest und jeden Winkel meines Bewußtseins kennst, prüfe mich nun und erkenne mein Herz. Gehe mit mir zurück durch all die düsteren Zeiten meines Lebens und wirf Licht auf alles, was noch im Dunkeln liegt. Ich bitte, in diesem Augenblick, an diesem Tag neu geboren zu werden. Ich bitte, daß du all die Leiden heilen mögest, die mir, während ich aufwuchs, vielleicht zugefügt wurden. Tilge alles Negative in meinem Dasein und laß mich erkennen, daß ich wahrhaft von dir geliebt werde. Erfülle mich mit einem Gefühl für dein Vorhaben und deine Liebe. Wenn ich meine Affirmationen am heutigen Tage beginne, erbitte ich dafür deinen Segen. Ich danke dir, denn alles, was ich bin, bin ich in dir. Ich bin dessen, worum ich dich bitte, wert. Ich ruhe in dir, und ich danke dir, denn ich weiß, daß es geschehen wird. Amen.

Ob Sie eine Affirmation aus Kapitel 9 auswählen oder sich eine eigene Affirmation überlegen, machen Sie den Anfang, sie täglich zu sprechen. Wiederholen Sie diese Affirmation nicht einfach mechanisch, sondern lassen Sie in sich tatsächlich das Gefühl entstehen, als handle es sich um eine Wahrheit, eine Tatsache. Beschließen Sie, daß es *so* ist, und es wird in Ihrem Leben Wirklichkeit werden. Hiob verkündete: »Beschließt du etwas, dann trifft es ein, und das Licht überstrahlt deine Wege.«

Wenn Sie krank sind, möchten Sie vielleicht affirmieren: »Ich bin vollkommen, ich bin heil, ich bin gesund.« Seien Sie sich bewußt: Affirmieren bedeutet, festzustellen, daß es so ist. Außerdem müssen Sie auch *empfinden*, daß es so ist. Auf diese Weise erreicht die Affirmation Ihr Unterbewußtsein. Das Unterbewußtsein urteilt nicht. Es geht davon aus, daß die Behauptung stimmt. Das Wunderbare am Unterbewußtsein ist seine Fähigkeit, Dinge geschehen zu lassen.

Sechzehn Schritte auf dem Weg zu besserer Gesundheit:

1. Hören Sie damit auf, Ihre Schmerzen und Beschwerden zu beklagen.
2. Lesen Sie Bücher darüber, wie andere Menschen geheilt wurden.
3. Achten Sie auf Ihre Ernährung.
4. Beginnen Sie mit körperlicher Bewegung.
5. Befolgen Sie die Anweisung Ihres Arztes.
6. Konsultieren Sie einen Ernährungsberater.
7. Führen Sie ein Leben, in dem sich Arbeit, Freizeit und Ruhe im Gleichgewicht befinden.
8. Gehen Sie jeden Tag an die frische Luft.
9. Machen Sie für Ihre Krankheit ein »Gebetsrad«.
10. Beschließen Sie, daß sich Ihre Gesundheit bessert.
11. Sprechen Sie Affirmationen.
12. Visualisieren Sie sich gesund.
13. Loben Sie Ihren Körper.
14. Schalten Sie die negativen Einflüsse in Ihrem Leben aus.
15. Danken Sie für Ihre wiedergewonnene Gesundheit.

Ihr Unterbewußtsein schenkt Ihnen das, worum Sie bitten. Wenn Sie es befehlen, muß Ihr Unterbewußtsein Ihren Befehl ausführen. Teilen Sie beispielsweise Ihrem Unterbewußtsein mit: »Mein Bankkonto quillt über, mir steht alles Geld der Welt zur Verfügung, damit ich meine Rechnungen bezahlen und mir alles kaufen kann, was ich brauche, und mehr«, so wird Ihr Unterbewußtsein in Ihrem Leben Dinge geschehen und das eintreten lassen, worum Sie gebeten haben. Ihnen wird vielleicht eine Stellung angeboten, die höher bezahlt wird, oder jemand, der Ihnen Geld schuldet, schickt Ihnen einen Scheck. Vielleicht finden Sie auch eine Teilzeitbeschäftigung oder entdecken Möglichkeiten, freiberuflich tätig zu werden. Dieser Überfluß wird so lange anhalten, solange Sie diesen Wunsch affirmieren und beschließen, daß es so ist.

Möglicherweise stellen Sie aber auch fest, daß sich Ihre Wünsche trotz fortgesetzter täglicher Affirmation nicht verwirklichen.

Denken Sie daran, daß eine Affirmation nur dann zum Erfolg führt, wenn in Ihrem Inneren kein Konflikt oder Widerspruch besteht. Gebete und Affirmationen manifestieren sich nicht, wenn eine Idee, Vorstellung oder Suggestion Ihrem Bewußtsein nicht logisch erscheint, bevor sie sich in Ihr Unterbewußtsein einsenkt. Sie müssen an die Wahrheit Ihrer Worte glauben. Wenn Sie selbst nicht glauben, daß Sie eine bestimmte Stelle bekommen und immer wieder mit Angst und Unsicherheit in Ihrem Herzen affirmieren »Ich bekomme die Stellung, ich bin ihrer wert«, dann werden Sie sie nicht erreichen.

Das Geheimnis liegt darin, daß das Unterbewußtsein sich nicht von Worten beeindrucken läßt, sondern viel mehr von *Gefühlen*. Wenn Sie also sagen: »Ich bin mutig«, doch tatsächlich fürchten Sie sich, werden Sie die Botschaft der Furcht in Ihrem Körper, Ihrem Geist und Ihrem Leben wirklich werden lassen. Eine gute Affirmation für den Anfang, die keinen Konflikt in Ihnen auslöst, ist folgende: »Tag und Nacht werde ich in meinen Belangen gefördert.« Diese Affirmation wird keine Konflikte in Ihrem Bewußtsein entstehen lassen.

Allzu häufig übersehen wir die große Macht der Imagination oder Vorstellungskraft. Machen Sie sich wegen etwas Sorgen, das noch nicht geschehen ist, verwenden Sie Ihre Imagination auf negative Weise... wenn Sie sich beispielsweise vor einer bevorstehenden Prüfung oder einer Flugreise fürchten. Diese Vorstellung kann ebenso real sein wie das tatsächliche Geschehen. Nehmen Sie Ihr tägliches Leben unter die Lupe. Haben Sie sich negativer Vorstellungen bedient? Denken Sie daran: Heute ernten Sie die Frucht der Gedanken, die Sie gestern als wahr in Ihr Unterbewußtsein einprogrammierten.

Visualisation. Diese Technik bedient sich positiver Imagination. Setzen Sie sich auf einen Stuhl, und entspannen Sie sich. Werden Sie so schlaff wie eine Schlenkerpuppe. Lockern Sie engsitzende Kleidungsstücke wie Gürtel, Krawatten, Röcke oder Hosen. Ziehen Sie die Schuhe aus, und stellen Sie die Füße flach auf den Boden. Dann schließen Sie die Augen und visualisieren im Geiste, was Sie affirmiert haben.

Wenn Sie ein geistiges Bild vierunddreißig Sekunden halten können, wird es sich in Ihr Unterbewußtsein einprägen und in Ihrem Leben manifestieren. Stellen Sie sich beispielsweise folgendes vor: Sie legen sechs Zitronen auf einen Tisch nebeneinander und schneiden jede Zitrone in der Mitte durch. Nehmen Sie die Hälften nacheinander mit den Fingern auf, und saugen Sie die Kerne heraus. Dann spucken Sie die Kerne aus. Sie lassen den Zitronensaft den Gaumen hinunterrinnen und spüren, wie Speichel in Ihren Mund tritt. Haben Sie es nachvollzogen? Was ist mit Ihren Gedanken geschehen? Sie waren imstande, ein starkes Gefühl zu erzeugen. Diese Art von geistigem Bild kann Ihr Leben verändern.

Nun lassen Sie ein starkes geistiges Bild von etwas entstehen, was Sie sich wünschen – es kann ein Zustand sein oder eine Charaktereigenschaft, die der Entwicklung bedarf. Unterstützen Sie jetzt dieses geistige Bild durch Empfindungen. Der alleinige Gedanke an Geld macht Sie nicht reich, auch dann nicht, wenn Sie lauter 100-Mark-Scheine sehen. Nur wenn Sie empfinden, als hätten Sie das Geld bereits in der Tasche, werden Sie zu den gewünschten Ergebnissen kommen. Stellen Sie sich vor, was Sie fühlen, wenn Sie das Geld haben. Visualisieren Sie, wie Sie das Geld, das Sie nicht brauchen, auf ein Sparkonto einzahlen.

Dann ergreifen Sie die *Initiative.* Verhalten Sie sich so, als gehörte Ihnen das Geld bereits. Konzentrieren Sie sich weiterhin darauf, was Sie empfinden, während Sie Ihre Rechnungen bezahlen. Lassen Sie Ihre Gedanken nicht abschweifen. Sie müssen sich einen Plan machen, der Ihnen hilft, Ihr geistiges Bild durchleben zu können – beispielsweise, wie Sie nach einer neuen Beschäftigung suchen oder eine Arbeit zusätzlich zu Ihrer Vollzeitstelle finden. Gleichzeitig denken Sie aber, daß Ihre jetzige Stellung ideal für Sie ist, und Sie ein gutes Gehalt bekommen.

In seinem Buch *Die Macht Ihres Unterbewußtseins* gibt Dr. Murphy ein treffendes Beispiel dafür, wie Affirmationen Ihnen helfen können, Aufgaben zu erledigen, etwa ein Haus zu verkaufen. Wollen Sie Ihr Haus verkaufen, müssen Sie zuerst affirmieren: »Mein Haus ist verkauft, es entspricht genau den Vorstellungen des Käufers, und der Preis stimmt.« Dann beginnen Sie zu visualisieren. Vor Ihrem geistigen Auge sehen Sie Ihr Haus und davor ein Schild »Zu verkaufen«. Dann sehen Sie, wie dieses Schild gegen ein anderes ausgetauscht wird, auf dem »Verkauft« steht. Stellen Sie sich einen Scheck in der Höhe der Summe vor, die Sie für Ihr Haus haben möchten. Natürlich sollte der Preis fair sein. Ist er es nicht, werden Sie diesen Widerspruch in Ihrem Herzen spüren, und Ihr Unterbewußtsein wird Sie nicht unterstützen.

Visualisieren Sie, wie die zukünftigen Käufer das Haus besichtigen, und es ihnen gefällt. Stellen Sie sich vor, daß Ihnen der Scheck ausgehändigt wird, und prüfen Sie den Betrag. Dann stellen Sie sich vor, wie Sie das Geld ausgeben und sich damit Ihre Wünsche erfüllen. Wollen Sie das Geld auf Ihr Sparkonto bringen, so visualisieren Sie dies.

Außerdem müssen Sie daran denken, daß Sie nur positiv über dieses Haus sprechen dürfen. Fürchten Sie nicht im stillen: »Oh, dieses Haus – wer will schon dieses alte, unmoderne Gebäude haben?« oder »Ich kann es nicht mehr sehen, und bestimmt wird es auch niemand anderem gefallen.« Wenn Sie so etwas denken, verhindern Sie den Verkauf Ihres Hauses. Affirmieren Sie statt dessen: »Es gibt jemanden, der genau in diesem Moment bereit ist, mein Haus zu kaufen, dem es gefallen wird. Für ihn wird es ideal sein.« Es wird Ihnen gar nicht schwerfallen, dies zu glauben, wenn Sie sich an *Ihr* erstes Heim erinnern. Vielleicht bestand es nur aus einem Zimmer, aber Sie liebten es, weil es Ihr Zuhause war. Und das gleiche wird ein anderer für Ihr Haus empfinden.

Die Schlaf-Technik. Wenn Sie abends ins Bett gehen und bereits schläfrig und ganz entspannt sind, sprechen Sie Ihre Affirmation, visualisieren Ihren Wunsch und schlafen dann ein. Auf diese Weise bleibt das, was Sie affirmiert und visualisiert haben, die ganze Nacht in Ihrem Unterbewußtsein präsent. Es wird in Ihnen arbeiten und seine Botschaft in ihr Umfeld aussenden. Wenn Sie dann am folgenden Morgen aufwachen, affirmieren und visualisieren Sie Ihren Wunsch vor dem Aufstehen erneut. Geben

Sie sich der Empfindung bewußt hin.

Die Jät-Technik. Wenden Sie diese Technik abends vor dem Einschlafen an. Tun Sie so, als sei Ihr Geist ein Garten. (Und wie Sie wissen, werden Sie in Ihrem Garten das ernten, was Sie säen.) Rupfen Sie aus Ihrem Geist alles Negative aus, was dort während des Tages gekeimt ist: Haß, Groll, Kränkung, schlechte Behandlung und so weiter. Jäten Sie alle »Unkräuter« und beginnen Sie Ihren Garten mit positiven Affirmationen zu düngen, wie beispielsweise: »Ich bin vollkommen, ich bin heil, ich bin ein Kind des Höchsten Geistes«, oder anderen positiven Vorstellungen, die Sie wieder in Ihren Körper einfließen lassen möchten. Und wenn Sie am Morgen aufstehen, dann denken Sie daran zu sagen: »Herr, ich danke dir für den schönen Tag«, und so wird es sein.

Die Verantwortungs-Technik. Diese Methode ist ebenso wirksam wie unkompliziert. Wiederholen Sie eine Woche lang neunundneunzigmal täglich: »Ich bin geistig, körperlich und spirituell Herr meines Schicksals.«

Fühlen Sie wieder wie ein Kind

Erinnern Sie sich noch, wie Ihr kindlicher Glaube Sie sicher sein ließ, daß Sie zu Weihnachten Geschenke bekommen würden? Als ich ein Kind war, schlugen meine Freundinnen und ich immer Rad, und wir glaubten fest daran, daß der Wunsch derjenigen in Erfüllung ging, die das beste Rad schlug. Ich erinnere mich auch, daß wir zum Abendhimmel hinaufschauten und sagten: »Twinkle, twinkle, little star…«* und uns beim ersten Stern, den wir sahen, etwas wünschten. Wenn wir den hellsten Stern entdeckten, glaubten wir, daß unsere Wünsche in Erfüllung gehen würden.

Mit dem Erwachsenwerden verlieren wir das Empfinden, eins mit allem Leben zu sein, denn wir lernen, daß die Sterne Planeten sind, nichts als ferne, gasförmige Himmelskörper. Durch unser gelegentliches Versagen werden wir mit negativer Programmie-

---

* »Funkle, funkle kleiner Stern…«; englisches Kinderlied

rung konfrontiert und zu Sklaven von Vorstellungen, die verhindern, daß wir ein erfüllteres, vielseitigeres Leben führen. Bemühen Sie sich darum, das kindliche Empfinden des Allmächtigseins wiederzuerlangen, und erkennen Sie, daß Sie Ihr »Himmelreich« hier und jetzt erschaffen können. Denken Sie daran, daß Sie immer eine Wahl haben. Wenn Sie an sich und das Höhere Selbst in Ihnen glauben, können Sie Ihr Leben verändern. Vertrauen Sie darauf, stellen Sie es sich intensiv vor, und es wird geschehen. Viele bekannte Sportler haben inzwischen herausgefunden, daß das imaginative Training ihrer Fähigkeiten ebenso wirksam ist wie das körperliche Training. Sie lassen vor ihrem geistigen Auge ablaufen, wie sie perfekte Schläge ausführen, Tore werfen oder Hürden nehmen. Und es funktioniert, weil Sie daran *glauben*, daß es so eintreten wird.

Eine Fabel vom Positiven Denken

Es lebte da einst ein gewisser Mister Chin, der in einer amerikanischen Vorstadt einen kleinen Laden eröffnete. Er wohnte mit seiner Familie in einer Wohnung über dem Laden, schickte seine Kinder zur Schule und machte sich mit allen Nachbarn bekannt. Doch mit der Zeit wurde die Familie Chin Zielscheibe von Vorurteilen. Einige der Nachbarn schrieben »Go home Chinks« auf das Ladenfenster, und in dem Block wurde ein Geschäft nach dem anderen aufgegeben. Die Familien, die in der Nachbarschaft der Chins wohnten, zogen nach und nach aus der Gegend fort. Dann begann eines Tages eine große Warenhauskette die leerstehenden Geschäfte aufzukaufen. Als die Vertreter dieser Firma versuchten, auch Mister Chin zum Verkauf zu überreden, lehnte er ab. Geduldig erklärten die Vertreter Mister Chin, daß große Warenhausketten Waren in solch großen Mengen einkaufen, daß sie alle kleinen Konkurrenten, wie etwa das Geschäft von Mister Chin, im Preis leicht unterbieten könnten. Sie malten ihm eine düstere Zukunft aus und daß er mit seinem nichts mehr verdienen würde und drängten ihn zum Verkauf, doch Mister Chin weigerte sich standhaft.

Und so begann die Warenhauskette die Läden in der Nachbarschaft von Mister Chin nach modernen Bedürfnissen umzubauen. Am Tag vor der Eröffnung hängten die Arbeiter an den Geschäften rechts und links von Mister Chins Laden Spruchbänder auf, auf denen stand ›Große Neueröffnung‹. Am folgenden Morgen, kurz vor der Eröffnung, kletterte Mister Chin auf eine Leiter und brachte über der Tür seines Geschäftes ein Schild an, auf dem stand »Eingang hier«.

Das ist Positives Denken!

Visualisieren und Glauben

Vor einiger Zeit wünschte ich mir ein neues Auto, also begann ich mein Unterbewußtsein entsprechend zu programmieren. Ich vertraute darauf, daß ich das Auto bekommen würde, stellte mir vor, wie es aussah, und so geschah es. Wann immer mich jemand fragte, welchen Autotyp ich haben wollte, erzählte ich es ihm. Wenn ich mit meiner Tochter an einem Parkplatz vorbeikam, sagte ich: »Schau, da steht mein Auto«, und sie fragte: »Mutter, welche Farbe soll es haben?« Ich antwortete: »Es wird weiß sein – ja, ich möchte ein weißes Auto haben.« Dann wurde ich eines Abends von einem Ehepaar, das mir auf diese Weise seinen Dank für meine Hilfe ausdrücken wollte, zum Essen in ein Restaurant eingeladen. Die Frau war zweimal sehr krank gewesen, und ich hatte die Erkrankung diagnostiziert, obwohl die Ärzte dazu nicht in der Lage gewesen waren. Im Laufe des Abends sprach ich über die Kraft von Visualisation und Glauben und erwähnte auch, daß ich mich auf ein bestimmtes Auto programmiert hatte. Daraufhin erzählte der Mann, er wolle sein Auto verkaufen, und zufällig war es genau der Typ, auf den ich mich eingestellt hatte. Er sah mich an und schlug vor: »Patricia, wenn Sie die Abzahlung meines Kredits übernehmen, gehört der Wagen Ihnen.« Ich kam auf diese Weise für 7000 Dollar in den Besitz eines Autos, das normalerweise 19000 Dollar kostete!

Ein anderes Beispiel: Ich hatte mir in den Kopf gesetzt, in einer beliebten Fernsehshow unserer Gegend aufzutreten. Als mich ein Zeitungsreporter über meine Arbeit befragte, sagte ich nebenbei: »Und demnächst werde ich auch in Bob Brauns Show sein.« Der Reporter schrieb das in seinen Bericht, lange bevor ich zu der Show eingeladen wurde. Später war ich ein regelmäßiger Gast in der Sendung. Mein Glaube daran hatte es Wirklichkeit werden lassen.

Bevor Sie einen solchen Glauben entwickeln können, müssen Sie zunächst die Überzeugung in Ihnen verstärken, daß Sie all die schönen Dinge auch tatsächlich verdienen, die Ihr Höheres Selbst für Sie bereithält. Häufig steht uns aber unsere religiöse Erziehung dabei im Wege, indem sie verhindert, daß wir uns selbst mögen. Im folgenden Kapitel sollen deshalb einige dieser negativen Vorstellungen näher betrachtet werden.

Zweites Kapitel

Entdecken Sie die Gesetze des Höchsten Geistes

Nachdem Karl Marx Religion als Opium für das Volk bezeichnet hatte, setzte Miguel de Unamuno y Jugo hinzu: »Laßt uns ihnen Opium geben, damit sie schlafen und träumen können.« Zu oft wird Religionsausübung mit dieser Art träumerischer Passivität gleichgesetzt, als ein nichtssagendes Ritual hingestellt, dem man mit der Sonntagsschule entwächst. Die lebendige Botschaft der Religion, die Liebe Gottes zu seinen Kindern, ist verlorengegangen. Als Folge davon sind heute Millionen von Männern und Frauen moralisch und spirituell verunsichert. Sie wissen nicht, wohin ihr Lebensweg führt oder woran sie glauben sollen, und warum. Diese Unsicherheit läßt Angst entstehen, und Angst erstickt die schöpferische Kraft, die jedem Menschen innewohnt. Die Konequenz sind entwurzelte, verwirrte Menschen, deren Leben voller Anspannung verläuft, deren Ursache in einem unbestimmten Gefühl rastloser Unsicherheit zu suchen ist.

Würden sie nur demütig zum Sternenhimmel hinaufblicken, um den Ursprung all dessen zu entdecken, was im Universum geschieht! Gott lehrte uns: »Hebt eure Augen in die Höhe und seht: Wer hat die (Sterne) dort oben erschaffen?« Wenn Sie das Universum betrachten, können Sie nicht umhin, als mit gebannter Faszination dieses Wunder zu bestaunen, jenes ferne Scheinen von Licht, welches so unvorstellbar weit entfernt ist, daß nur Teleskope seine Existenz offenbaren.

Und dann beobachten Sie den 24-Stunden-Rhythmus, in dem die Erde sich im Raum schwebend dreht und sich mit absoluter Präzision bewegt. Hiob sagte von der Unendlichen Intelligenz: »Sie (Er) hängt die Erde auf am Nichts.« Kann eine solche Präzision und Harmonie das Ergebnis blinden Zufalls, Chaos' oder eines kosmischen Unfalls sein? Nein. Dieser unendliche Raum, dieser Planet, auf dem wir leben, entstanden nicht durch Zufall. Wir sind keine kosmischen Staubkörnchen in einem chaotischen Universum ohne Sinn und Zweck. Wir sind Kinder der Unendlichen Intelligenz, dem Schöpfer von allem.

Wenn wir zum Himmel, zu den Sternen hinaufblicken, sind wir von Ehrfurcht erfüllt. Wenn man bedenkt, wie groß jeder dieser Sterne ist, und wie winzig wir dagegen erscheinen – und doch sind wir die Astronomen! Wir Menschen sind in der Lage, das Universum zu erforschen und zu bewundern, wir sind befähigt zu *denken*. Wäre es nicht an der Zeit, unsere tradierten Vorstellungen von der Unendlichen Intelligenz zu korrigieren?

Dieses Kapitel wurde für Menschen aller Glaubensrichtungen geschrieben. Es will nicht die christlichen Leser von jenen, die einen anderen Glauben haben, trennen. Ich habe in diesem Buch die Begriffe *Gott, Höchster Gott, Unendliche Intelligenz* und *Höheres Selbst* austauschbar verwendet. Meine Botschaft ist die Botschaft von Einheit, Licht und von der Liebe zu der gesamten Menschheit. Ob Sie Christ sind oder nicht – ich glaube, daß auch Ihr Gott Ihnen die gleiche Botschaft der Hoffnung gebracht hat. Welchen Glauben Sie also auch haben mögen, nehmen Sie das an, was Sie für sich akzeptieren können.

Ihr Höheres Selbst

Hat Sie meine Feststellung überrascht, daß Ihr religiöser Glaube keine Rolle spielt, daß sich meine Botschaft an jeden richtet? Dem ist so, denn das Höhere Selbst in Ihnen ist die Essenz der Menschheit. Es ist der Urquell Ihrer Weisheit, Ihres elementaren Lebenswillens und Ihrer heilenden Liebe. Ihr Höheres Selbst ist die treibende Kraft, die hinter Ihren edelsten Taten, Ihren zärtlichsten Augenblicken der Liebe und Ihren höchsten Einsichten steht. Ihr Höheres Selbst existierte lange, bevor Ihr Körper und Ihre Persönlichkeit entstanden. Es ist die Existenz des Höchsten Wesens in Ihnen. Ihr Höheres Selbst lebt in der Sphäre von Weisheit, Begabung, Stärke und Liebe. Und da es alle diese Eigenschaften von Anbeginn an besitzt, verdankt es seine Existenz weder Ihrem physischen Körper noch irgend etwas anderem auf der physischen Ebene. Ihr Höheres Selbst steht bereit, Ihnen als wahrer Führer zu dienen.

In zahlreichen Berichten sind die wundersamen Verwandlungen beschrieben worden, die eintreten, sobald Persönlichkeit, Körper und Höheres Selbst zu einer Einheit zusammenfinden. Ihr Höheres Selbst mag unkörperlich und nicht greifbar sein, doch es ist gewiß nicht unerkennbar. Denjenigen unter Ihnen, die die Wirklichkeit des Höheren Selbst noch nicht erfahren haben, schlage ich vor, diesen Kontakt durch Meditationsübungen, wie sie in Kapitel 8 beschrieben werden, herzustellen. Wenn Sie versuchen, in Verbindung mit Ihrem Höheren Selbst zu treten, nehmen Sie Kontakt mit dem Höchsten Urquell auf – dem Gott, der in uns allen wohnt. Haben Sie einmal durch Meditation Verbindung mit Ihrem Höheren Selbst aufgenommen, werden Sie sich nie mehr führungslos, ungeliebt und leer fühlen. Für viele Menschen ist das Konzept einer innewohnenden Gegenwart oder Wesenheit eines Höheren Selbst schwer zu erfassen, da sie immer zu einem Gott gebetet haben, den sie sich irgendwo im Himmel vorstellten. Manchmal scheint diese ferne Wesenheit verborgen und unerreichbar, und deshalb brauchten wir Jesus Christus und die anderen Propheten, die uns wieder zurück zu dem Höheren Selbst in uns führten.

Die Lehre von Jesus Christus

Für viele gläubige Menschen ist Jesus Christus der Erlöser und Retter der Welt. Manche meinen, er sei ein großer Prophet und Lehrer gewesen, und wieder andere sind der Auffassung, daß er ein Fanatiker war, der nach einem kurzen öffentlichen Auftreten in Schmach und Schande endete. Wie Sie ihn nennen ist ohne Bedeutung. *Wichtig* ist, daß Jesus Christus durch seine Lehre oder zumindest die Lehre, die ihm zugeschrieben wird, das Leben zahlloser Menschen beeinflußte. Auf der ganzen Welt ist Jesus zu einer religiösen Inspiration geworden.

Doch hat das Christentum wirklich das zum Ausdruck gebracht, wofür Jesus als Mensch eintrat, was er lehrte und uns hinterließ, von dem er wünschte, wir würden es zu unserem Glauben erheben? Wenn Jesus heute leben würde, wäre er dann mit den Lehren seiner Brüder und ihrer Auslegung seines Wortes einverstanden? Ich bin mir da nicht sicher, denn heute verwickelt sich manch ein religiöser Führer in Nebensächlichkeiten, während er die Grundlehren nicht erkennt.

In der Heiligen Schrift werden Sie feststellen, daß Jesus nur elementare Grundsätze lehrte, mit deren Hilfe er den Geist auf den rechten Weg bringen wollte. Jesus brachte uns Wahrheit, und mit dieser Wahrheit schenkte er uns eine praktikable Methode zur Entwicklung unserer Seele und zur Gestaltung unseres Lebens und Schicksals. In Jesu Lehren werden Sie – genau wie ich – eine Erläuterung der wahren Natur Gottes finden. Jesus erklärt uns, warum wir Fehler begehen und krank werden. Er macht uns die Bedeutung von Leben und Tod klar und sagt uns, wie wir Hindernisse und Versuchungen überwinden können. Er zeigt uns, wie wir Gesundheit, Erfolg und wahres Glück in unser Leben bringen können, wie auch in das Leben derer, die wir lieben und mit denen wir dieses Universum teilen.

Lesen Sie dieses Kapitel unvoreingenommen, und machen Sie sich von jeglicher Erinnerung an die religiöse Erziehung und dem, was man Sie gelehrt hat, frei. Haben Sie mit mir teil an dem Wort, das Christus – wie ich glaube – jedem von uns auf dieser Erde gebracht hat.

An dem tiefsten Punkt in meinem Leben, als es für mich nirgendwo Hilfe zu geben schien, begann ich nach dem Höchsten Geist zu greifen. Auf der Suche nach Führung und Rat schlug ich – wie so viele deprimierte Menschen – die Bibel auf und las das Neue Testament. Und ich glaube, daß ich durch die Macht des Wortes und durch die Bewußtseinstechniken, die sich zu einem festen Bestandteil in meinem Leben entwickelten, von meinem schweren Leiden geheilt wurde.

Der Gott, den ich in den letzten Jahren so gut kennenlernte, lehrt, daß wir nur für unsere eigenen Fehler die Folgen tragen müssen. Wenn ich beispielsweise ein Haus erwerbe, das zwei Monate später niederbrennt, so ist dies nicht Gottes »Werk«. Ich habe etwa den Fehler begangen, vor dem Kauf die Stromleitungen nicht überprüfen zu lassen. Und dies ist menschliches Versagen, keine göttliche Strafe. Gott verspricht auch, daß er uns als unser liebender Vater stets vergeben wird, so vielen Versuchungen wir auch erlegen sind. Und das Tröstende ist, er wird uns immer vergeben, wenn wir um Vergebung bitten.

Das Himmelreich ist um uns und kein Ort fernab der Welt, den wir eines Tages zu erreichen hoffen. Sie können es hier und jetzt finden. Sie müssen nur erkennen, daß das Himmelreich die Gegenwart Ihres Höheren Selbst ist. Es ist der innere Frieden, den Sie empfinden. Das Himmelreich ist ein Geist, frei von Qualen – es gibt kein Alter und keinen Verfall. Es ist die Erneuerung des Geistes, das Wissen um die Wahrheit und die Fähigkeit, hier und jetzt die Unendliche Freiheit und absolute Seligkeit zu erleben.

Wenn Ihnen jemals jemand erzählt hat, es würde selig machen, wenn man seines redlichen Denkens wegen verfolgt wird, weil auch die Propheten und Heiligen verfolgt wurden, glauben Sie es nicht! Verfolgung liegt nicht im Willen des Höchsten Geistes, vielmehr ist sein Ziel Frieden und Freude, Liebe und Harmonie. Dem Höheren Selbst entgeht es nicht, wenn jemand verfolgt wird. Wir fügen uns selbst Leid zu, wenn wir in unserem täglichen Leben unserer Angst, unserer Mutlosigkeit und unserem Ärger nachgeben. Es ist keine Tugend mutlos zu leiden. Wie ich, so werden auch Sie lernen, daß Sie in Ihrem Leben nur das erfahren, was Sie selbst verursachen, und nichts darauf zurückzuführen ist, daß Ihnen von jemandem Leid zugefügt wird. Fühlen Sie sich in Ihrem Leben von Unheil verfolgt, dann gehen Sie in sich, denn dort hat alles seinen Ursprung.

Jesus wurde nicht ohne Grund zum Märtyrer, als er sich kreuzigen ließ. Er hätte die Kreuzigung jederzeit umgehen können, doch er wußte, daß sein Tod notwendig war, um uns seine Liebe zu den Menschen zu beweisen. Und Christus wählte diesen Weg aus freien Stücken. Er wurde nicht zum Märtyrer *gemacht*. Deshalb ist der Märtyrertod an sich weder etwas Großartiges noch Tugendhaftes. Im Verlauf der Geschichte hat es viele Märtyrer gegeben – Menschen, die sich selbst opferten. Dies ist eine spirituelle Wahrheit. Doch wenn Sie sich in Ihrem Leid zum Märtyrertum entschlossen haben sollten, dann werden Sie sich nicht notwendige Schmerzen und Verwirrung zufügen. Gott verlangt von Ihnen nicht, um seinetwillen zum Märtyrer zu werden, denn Ihr Höheres Selbst ist Liebe, Schönheit, Wahrheit und Güte.

Es geschehen immer noch Wunder

Einigen unter den Lesern wird vermutlich unbehaglich zumute werden, wenn ich über Wunder spreche, denn man hat sie gelehrt, nicht daran zu glauben, daß es so etwas gibt. Ich habe mit Menschen gesprochen, die sehr verlegen wurden, wenn die Rede auf Wunder kam, und die sich einfach nicht darüber unterhalten wollten. Ja, sie wollten nicht einmal etwas davon hören, daß auch in der Bibel von Wundern berichtet wird.

Sind die Wunder nun wirklich geschehen? Hat Jesus sie wirklich vollbracht? Wenn wir beschließen, es seien keine Wunder geschehen, dann verlieren auch andere Aussagen der Evangelien jede wirkliche Wahrheit. Wenn Jesus keine Wunder vollbracht hat und nur auftrat, um Aufsehen zu erregen, dann verliert das Neue Testament jegliche Bedeutung. Widmen Sie sich dem Neuen Testament, lesen Sie die Wahrheit in den Evangelien, und auch Sie werden zu der Ansicht gelangen, daß diese Wunder tatsächlich geschahen. Johannes berichtet uns, daß Jesus verkündete: »Wer an mich glaubt, wird die Werke, die ich vollbringe, auch vollbringen, und er wird noch größere vollbringen.« Und dennoch sind heute einige religiöse und spirituelle Führer der Auffassung, den Menschen stände es nicht zu, Wunder zu vollbringen, weil nur Jesus die Blinden und Lahmen heilen konnte.

Erleben wir heute Wunder? Aber ja! Da sagt beispielsweise ein Arzt Eltern, ihr Kind würde sterben, wenn es nicht vor Ablauf der Woche operiert wird. Die Eltern beten für das Kind, und noch bevor die Operation durchgeführt wird, erholt es sich. Dieses Kind wurde durch die Gebete der Eltern geheilt. Auch im Leben von Organempfängern geschehen Wunder, wenn die Familie eines Unfallopfers für sie Organe zur Verfügung stellt. Wann immer wir mit dem unantastbaren höheren Gesetz dieses Universums in Berührung kommen und es handhaben können, wird dieses Gesetz in unserem Leben wunderbare Dinge geschehen lassen.

Wenn Sie lernen, so zu beten, wie die Eltern des geheilten Kindes beteten, werden Sie feststellen, daß das Gebet in Ihrem Leben Wunder bewirkt. (Vergleichen Sie die Kapitel 7 und 9, in denen Gebet und Affirmation behandelt werden.) Haben Sie einmal die Kunst des Betens erlernt, so wie sie von dem großen Lehrer Jesus gelehrt wurde, dann werden Sie erfahren, daß Sie an jedem Tag ihres Lebens viele Wunder vollbringen.

Jesus vollbrachte die Wunder, von denen Sie in der Bibel lesen, damit Sie in Ihrem Leben ebensolche Wunder vollbringen können, um Krankheit, Irrtümer und Grenzen zu überwinden. Ist Ihr Geist offen, dann werden Sie spirituelle Wahrheit aus dem Buch des Lebens empfangen. Durch göttliche Inspiration verleiht diese spirituelle Wahrheit denjenigen göttliche Weisheit, die spirituelles Wissen in ihr Leben einbezogen haben. Sie werden feststellen, daß Sie die Herrschaft über alle Dinge haben, und zu den wichtigsten gehört Ihr eigener Geist. Sie werden erkennen, daß Sie einen freien Willen besitzen und daß vor allem dieser freie Wille Bestandteil Ihres Denkens sein sollte.

Darüber hinaus werden Sie lernen, daß Ihre Realität durch Ihre Wünsche geschaffen wird. Betrachten Sie Ihre Umgebung und erkennen Sie, daß Sie selbst gewählt haben, wo und wie Sie leben. In diesem Augenblick Ihres Lebens ernten Sie, was immer Sie säen.

Bewahren Sie einen offenen Geist

Ich kann von niemandem erwarten, diese das Positive Denken betreffende Wahrheit sofort zu akzeptieren, denn ich weiß, daß der Mensch den Beweis stets selbst finden muß. Wahrscheinlich hätten Sie dieses Buch nicht in die Hand genommen, wenn Sie nicht tief in Ihrem Innern den Wunsch verspürten, sich und Ihr Leben zu verändern. Jeder von uns hat ein starkes Bedürfnis nach Gesundheit, innerem Frieden und spiritueller Entwicklung. Die Techniken in diesem Buch werden Ihnen helfen, all das in Ihrem Leben zu erfahren. Doch diese Aufgabe ist nicht einfach. Ich habe mich in den letzten zehn Jahren darum bemüht, und ich muß immer noch daran arbeiten, den inneren Frieden zu vervollkommnen, den ich tagtäglich empfinde.

Wenn Sie bereit sind, sich von alten Ideen, alten Vorstellungen und alten Gedanken zu lösen, dann werden Sie in der Lage sein, Ihr Leben zu bereichern. Halten Sie Ihren Geist offen, und Sie werden erfahren, daß sich der Preis, den Sie zahlen, wirklich lohnt. Auch diejenigen, die dieses Buch in vollkommener Gesundheit lesen, sollten sich der Techniken bedienen, damit sie gesund bleiben; und vergessen Sie nie, mit anderen stets ebenso selbstlos zu teilen, wie der Höchste Geist mit Ihnen geteilt hat.

Gott der Vater

Als ich nach der Lektüre von Dr. Murphys Buch *Die Macht Ihres Unterbewußtseins* die Bibel zur Hand nahm, las ich sie mit einem offenen Geist und einem offenen Herzen. Ich entdeckte, daß meine Beziehung zu Gott die eines Kindes zu seinem Vater ist. Plötzlich strömten die Worte des Neuen Testaments in mein Herz ein. Während ich das Vaterunser las, wurde Gott für mich ein lebendiger Vater. Ich wurde sein Kind, und darum wurde ich wichtig. Ich las diesen Teil der Bibel immer wieder aufs neue, bis er mein Herz und meine Seele durchdrang und es mir möglich machte, jene falschen Vorstellungen von Gott aus meinem Bewußtsein zu verbannen, die man wir während meiner Kindheit eingeprägt hatte.

Im Neuen Testament lernte ich, daß ich ein Kind Gottes, des Höchsten Geistes bin, der uns Leben und Atem schenkt. Der Höchste Geist schenkte uns Leben, damit wir nach unserem Höheren Selbst streben und Frieden und Liebe finden, denn in unserem Höheren Selbst leben wir, bewegen wir uns und ist unser Dasein begründet.

Kinder Gottes

Wie Christus haben auch Sie ein Recht auf das Gut Ihres Vaters. Was immer Ihr Vater besitzt, werden Sie erben. Sobald Sie im Besitz der spirituellen Weisheit sind, um diese große Wahrheit zu verstehen, können Sie Ihre Rechte beanspruchen und werden sie erhalten. Sie sind kein Diener – Sie sind ein Kind der Unendlichen Intelligenz. Erkennen Sie, daß es im Sinne Ihres Vaters, der Sie so sehr liebt, ist, wenn Sie gute Gesundheit, viel Schönes und mehr Freude erben. Seine Gedanken sind Ihre Gedanken. All diese Dinge schenkt er Ihnen, Sie müssen lediglich darum bitten.

Unser Vater hat uns Herrschaft über alle Dinge verliehen. Also beanspruchen Sie diese auch, nehmen Sie sie an, erkennen Sie, daß Sie ein Recht darauf haben. Da der Höchste Geist wußte, daß Sie davor zurückschrecken werden, lehrt Matthäus: »Bittet, dann wird euch gegeben; sucht, dann werdet ihr finden; klopft an, dann wird euch geöffnet.« Beachten Sie wohl, daß Gott nicht sagte: »Ich gebe euch die Hälfte.« Er gibt Ihnen sein ganzes Reich – alles. Beanspruchen Sie es als Ihr Eigentum. Fragen Sie sich, ob Jesus meinte, was er sagte. Wenn es so ist, dann haben Sie ein Recht, darum zu bitten. Denn wenn Sie bitten, werden Sie empfangen.

Befreien Sie sich aus geistiger, körperlicher und spiritueller Knechtschaft. Hören Sie auf, ein Sklave Ihrer Gewohnheiten, Ihres Denkens, Ihrer Vergangenheit zu sein. Beginnen Sie heute die Wahrheit zu erkennen. Machen Sie sich klar, daß es nicht im Willen Ihres Höheren Selbst liegt, wenn sie krank, arm oder unglücklich sind. Gottes Name selbst bedeutet »Heiligsein«. Etwas Heiliges kann weder Leiden, noch Krankheit oder Tod schicken, denn es entspringt nicht seiner Natur. Dies müssen Sie mit Ihrem ganzen Herzen erkennen. Durch Ihr Höheres Selbst liebt Sie Ihr

Vater. Er ist Freude, Harmonie, Erfolg, Liebe und Güte. Und wenn Sie glauben, ein Kind des Höchsten Geistes zu sein, dann sollten Sie nicht mit weniger zufrieden sein als mit Erfolg, Glück, Frieden, Freude, Zufriedenheit und Liebe.

Machen Sie heute den Anfang. Beginnen Sie heute, indem Sie beten, meditieren und Ihr Leben ordnen, damit Sie sich von alten Angewohnheiten, alten Gedanken, alten Vorstellungen und alten Ideen befreien können. Erfüllen Sie Ihr Sein mit positiver Energie und positiven Gedanken und beanspruchen Sie Ihre Freiheit. Ergreifen Sie von Ihrem Vater Besitz und erben Sie die Dinge, die ihm gehören. Wollen Sie von den Grundprinzipien profitieren, die uns die Unendliche Intelligenz geschenkt hat, müssen Sie stark sein und sich ihnen immer wieder aufs neue widmen. Glauben Sie. Andernfalls werden sich die Wahrheiten nicht in Ihrem Leben offenbaren.

Wenn Sie glauben und all Ihre Willenskraft einsetzen, wird dies der erste Schritt zu vollkommener Gesundheit, Erfolg, Glück und überschäumender Energie sein. Sie werden nicht länger an der Last der täglichen Sorgen zu tragen haben, sondern sich wunderbar fühlen, und die Menschen suchen Ihre Nähe, weil sie Ihre Begeisterung spüren.

Sie sind Ihr eigener Führer

Auch wenn einige geistliche Führer und Gurus sehr charismatisch sind, sollten Sie keinen auf ein Podest heben, sondern folgen Sie Ihrem Höheren Selbst. Ihr Höheres Selbst soll Ihr Führer sein. Gewiß sollten Sie aus den Lehren der Kirchen lernen und vielleicht Seminare und Vorträge besuchen, um Ihr Verständnis zu vergrößern. Sprechen Sie mit anderen Menschen darüber, und lernen Sie soviel wie möglich, doch überlassen Sie ihnen nicht Ihr spirituelles Urteilsvermögen. Sie verdanken Ihre spirituelle Integrität dem Ihnen innewohnenden Höheren Selbst und niemandem sonst. Ich hoffe, daß Sie dieses Buch als Trittstein zu spiritueller Weisheit benutzen, doch sollte es nicht zu einer Glaubensgrundlage werden. Sie müssen die Freiheit besitzen, weiter zu gehen, um über Ihre spirituelle Entwicklung selbst zu entscheiden.

Der Höchste Geist hat weder Griechen noch Juden oder Protestanten als Auserwählte erschaffen, denn es gibt keine auserwählte Rasse oder Religion. Keine menschliche Gemeinschaft ist einer anderen spirituell überlegen. Wir sind alle gleichberechtigte Teilhaber des Höheren Selbst. Und deshalb hat niemand das Recht, für Sie zu entscheiden, was richtig und was falsch ist. Eine Instanz in Ihnen selbst sollte Ihnen die Wahrheit eingeben.

Suchen Sie nach der Wahrheit. Woran können Sie erkennen, welche Religion die richtige Religion ist, welche Wahrheit die richtige Wahrheit, und welcher Lehrer der richtige Lehrer? Um die Wahrheit für sich selbst zu finden, können Sie etwa die folgende Frage stellen: »Stimmt ihre Aussage für mein heutiges Leben?« Denken Sie daran, daß die Wahrheit immer gilt. Wahrheit heilt. Sie reinigt die Seele. Sie befreit Ihr Leben von Leiden. Menschen, die im Einklang mit der Wahrheit stehen, können dem Kranken ihre Hände auflegen, und die Kranken werden erleichtert sein. An ihren Früchten werdet ihr sie erkennen, ist auch die für Sie gültige Wahrheit.

Prüfen Sie zum Beispiel einmal die Lebensumstände eines Geistlichen. Denken Sie an den Grundsatz: »Wie innen, so außen.« Sie können die Spiritualität eines Geistlichen erkennen, wenn Sie seine Umgebung und sein Äußeres betrachten. Alles, was die Seele eines Menschen ausmacht, wird früher oder später von seinem physischen Körper reflektiert. Ebenso manifestiert sich alles aus dem Umfeld eines Menschen letztlich auch in seinem Wesen.

Leben Sie die Wahrheit. Lernen Sie Ihr Höheres Selbst als Ihren Urquell zu betrachten. Wenden Sie sich, wann immer Sie etwas brauchen, an Ihr Höheres Selbst, und Sie werden es erhalten. Wenn Sie erwarten, daß all Ihre Bedürfnisse von Ihrem Partner oder Ihrer Umwelt erfüllt werden, erleben Sie eine Enttäuschung. Menschen können Sie im Stich lassen, nicht aber Ihr Höheres Selbst. Ein praktisches Beispiel: Vielleicht fühlen Sie sich an Ihrem Arbeitsplatz sehr sicher, doch wenn Ihr Arbeitgeber

Konkurs macht, und Sie haben sich auf ihn verlassen, was wird dann aus Ihnen? Hätten Sie dagegen auf Ihr Höheres Selbst vertraut, könnten Sie voller Zuversicht sein, daß Sie bald eine neue Beschäftigung finden.

Manche Menschen scheinen mit zunehmendem Alter immer zynischer zu werden, und das ist nicht verwunderlich. Jedesmal, wenn sie zur Lösung der Probleme der Welt oder ihrer persönlichen Schwierigkeiten all ihren Glauben in religiöse Führer oder gewählte Amtsträger gesetzt hatten, wurden sie enttäuscht. Hätten Sie dagegen all ihren Glauben in das Höhere Selbst gelegt, wären sie sehr viel glücklicher geworden.

Wenn Sie der Mut verläßt, weil Sie sich auf Ihrer Suche nach spiritueller Weisheit als unwürdig empfinden, wenden Sie sich dem Höchsten Urquell zu. Ihr Höheres Selbst wird dann dafür Sorge tragen, daß in Ihrem Leben jene Situationen eintreten und Menschen angezogen werden, die Sie brauchen. Denken Sie daran, daß das Reich Gottes in uns ist, und Sie müssen nur bitten, um es zu empfangen.

Jesus sagte: »Dann werdet ihr die Wahrheit erkennen, und die Wahrheit wird euch befreien.« Er brachte sein ganzes Leben damit zu, den Menschen die Wahrheit zu lehren. Auf der Suche nach der Wahrheit sind Sie Herr Ihres inneren Reiches und besitzen die Macht, Gedanken anzunehmen oder zu verwerfen. Eine Möglichkeit zum Freierwerden ist, die volle Verantwortung für sich zu übernehmen... die Konsequenzen, die Ihre Gedanken auf Ihr Leben haben, zu akzeptieren. Um Ihnen dabei zu helfen, wird das nächste Kapitel darstellen, wie Bewußtsein, Unterbewußtsein und der Höchste Geist zusammenwirken, um die verschiedenen Situationen in Ihrem Leben herbeizuführen.

Drittes Kapitel

Erneuerung der geistigen Ebenen

Ständig hören wir von der Macht des Intellekts, aber was hören wir von der *Macht des Geistes*? Wenig oder nichts. Viele der in der letzten Zeit veröffentlichten Bücher haben wissenschaftliche Entdeckungen über die Funktionen der rechten und linken Gehirnhälften beschrieben. Bedauerlicherweise sind jedoch nur wenige Bücher über die Macht des Bewußtseins und Unterbewußtseins verfaßt worden, wie auch über die Macht des Höchsten Geistes, den wir teilen. In diesem Kapitel werden Sie lernen, sich diese erstaunlichen Kräfte zunutze zu machen. Sie werden lernen, wie Sie durch Wiederholung, Glauben und Erwartung Gedanken und Vorstellungen an das Unterbewußtsein übermitteln können. Zunächst aber wollen wir kurz das Gehirn als Denkorgan betrachten.

Das Gehirn. Das Gehirn ist jener Teil Ihres zentralen Nervensystems, der sich im Schädel befindet und in dessen Zuständigkeit die Deutung von Sinnesimpulsen, die Koordination und Steuerung der Körperfunktionen und die Entstehung von Gefühlen und Gedanken fällt. Wissenschaftler haben festgestellt, daß das logische Denken der linken Gehirnhälfte zuzuordnen ist. Dieses Denken ist linear, systematisch und verbal. Es steuert die rechte Körperhälfte. Die rechte Gehirnhälfte ist ein Spiegelbild der linken. Hier entstehen intuitive, nicht rationale, nonverbale, holistische Gedanken, und sie kontrolliert die linke Körperseite.

Also das Denkorgan bestimmt Ihr Gehirn, was Sie werden, was Sie sind und was Sie waren. In der Tat könnte man Sie als *Biocomputer* bezeichnen: Sie leben und können daher programmiert und deprogrammiert werden.

Während Sie dieses Buch lesen, wird die Deprogrammierung bisherigen Gedankenguts wichtiger Bestandteil Ihres Lebens werden. Von dem Augenblick Ihrer Geburt an wurde alles, was Sie erlebten, in Ihrem Gehirn gespeichert. Mitteilungen Ihrer Eltern, Ihrer Geistlichen, der Nachrichtenmedien, Ihrer Lehrer und selbst des Verkehrspolizisten auf der Straße haben in Ihrem Gedächtnis bestimmte Eindrücke hinterlassen. Ihr Gedächtnis registriert Erfahrungen, die Sie mit Ihren Freunden und allen anderen Menschen gemacht haben, denen Sie je begegnet sind. Jede einzelne Erfahrung hat zur Programmierung Ihrer heutigen Denkmuster beigetragen. Diese Erlebnisse waren nicht immer positiv – unsere Welt ist voller Kritik, Zynismus und negativer Äußerungen. Und diese negativen Eindrücke sind von so schädlichem Einfluß auf Ihr Leben, daß sie deprogrammiert werden müssen. Sollte irgend jemand versuchen, Sie negativ zu programmieren, lassen Sie nicht zu, daß diese Negativität Eingang in Ihr Bewußtsein findet und damit Teil Ihrer Erinnerung wird. Denken Sie statt dessen positiv. In Kapitel 4 werde ich die Weiße-Kreuz-Methode beschreiben, mit deren Hilfe Sie negative Einstellungen anderer Menschen, die auf Sie Einfluß nehmen, ändern können.

Das Bewußtsein. Ihr Gehirn ist in Ihrem Kopf eingebettet, nicht aber Ihr Geist. Ihr Geist ist eine äußere Kraft, die das Organ, welches man als Gehirn bezeichnet, mit Energie speist. Ihr Bewußtsein liest gerade in diesem Moment dieses Buch, nimmt die gelesene Information auf und speichert sie im Unterbewußtsein vollständig ab. Das gleiche Bewußtsein hat darüber entschieden, was Sie heute morgen angezogen haben, oder ob Sie heute jemanden zum Mittagessen einladen.

Das Unterbewußtsein. Ihr Unterbewußtsein hat zwei Aufgaben: Erstens muß es die Körperfunktionen aufrechterhalten, damit weiterhin Ihr Haar wächst, Ihr Herz schlägt und Ihr Blut zirkuliert. Für all das sorgt es automatisch. Die zweite Funktion Ihres Unterbewußtseins liegt darin, jede Information, die Sie ihm zuführen, für einen späteren Gebrauch abzuspeichern. Alles, was Sie je getan oder gelesen haben, ist hier registriert. Jedesmal, wenn Sie etwas fühlten, spürten, rochen, berührten, hörten oder sahen, wurde dies in Ihrem Unterbewußtsein aufgezeichnet. Zur

Verdeutlichung dieses Vorgangs stellen Sie sich vor, wie ein Sinneseindruck – nachdem er von Ihrem Bewußtsein verarbeitet wurde – durch ein kleines Fenster in Ihr Unterbewußtsein gelangt, damit er dort abgelegt wird. Und das Wichtigste ist: Die Information wird so sorgfältig abgelegt, daß sie nicht mehr in Ihr Bewußtsein zurückkehrt, außer Sie rufen sie ab.

Ihr Unterbewußtsein ist mehr als nur ein mächtiges Informationszentrum. Mit Hilfe der gespeicherten Informationen sorgt Ihr Unterbewußtsein dafür, daß Sie alles bekommen, was Sie fordern – und es nimmt Sie beim Wort. Sagen Sie ihm: »Das kann ich mir nicht leisten«, dann wird Ihr Bewußtsein dafür Sorge tragen, daß Ihnen das Geld fehlt, um sich das Gewünschte zu kaufen. Sagen Sie ihm: »So etwas Dummes kann ich nicht tun«, dann wird Ihr Unterbewußtsein Ihre Kreativität lahmlegen, so daß Sie tatsächlich nicht fähig sind, das zu tun, von dem Sie sagten, Sie könnten es nicht. Affirmieren Sie dagegen: »Durch die Macht meines Unterbewußtseins ist mir alles möglich«, werden Sie über alle Geldmittel und Fähigkeiten verfügen, die Sie benötigen.

Wandeln Sie Ihr Denken, und Sie verändern Ihr Schicksal. Wenn Gedanken an Ihr Unterbewußtsein übermittelt werden, bleiben in Ihren Gehirnzellen Eindrücke zurück. Während diese Eindrücke entstehen, nimmt Ihr Unterbewußtsein diese Vorstellungen an und beginnt, sie in die Tat umzusetzen. In seinem Bemühen, Ihre Vorstellungen zu verwirklichen, geht Ihr Unterbewußtsein durch Zuordnen dieser Vorstellungen die gesamten Informationen durch, die Sie bewußt oder unbewußt aufgenommen haben. Unaufhaltsam wie eine Lawine stellt Ihr Unterbewußtsein dazu die Naturgesetze in Dienst und macht sich Ihre unendliche Macht, Kraft und Weisheit zunutze, um Ihren Befehl auszuführen. Manchmal reagiert es auf Ihre Bitte sofort, bei anderen Gelegenheiten braucht es vielleicht länger. Mein Unterbewußtsein benötigte sechs Monate, um eine Besserung meiner rheumatischen Arthritis zu bewirken. Um diese wundersamen Kräfte zu erschließen, müssen Sie lediglich Ihre Gedanken und Vorstellungen durch Wiederholung, Glauben und Erwarten an Ihr Unterbewußtsein übermitteln.

Wie Sie Ihr Unterbewußtsein frei machen, damit es für Sie arbeiten kann:

1. Sobald Sie sich bewußt für etwas entschieden haben, betrachten Sie alle Verantwortung für die Folgen als erledigt. Lassen Sie Ihr Unterbewußtsein frei gewähren.
2. Reagieren Sie auf den gegenwärtigen Augenblick bewußt – machen Sie sich dies zur Gewohnheit. Wenn Sie Ihre volle Aufmerksamkeit bewußt dem Augenblick widmen, dann haben Sie keine Zeit, sich über das Morgen Sorgen zu machen. Schmieden Sie langfristige Pläne für die Zukunft, doch versuchen Sie nicht, heute in der Zukunft oder der Vergangenheit zu leben.
3. Machen Sie nie zwei Sachen gleichzeitig.
4. Überschlafen Sie Probleme. Wenn Sie den ganzen Tag mit einem Problem gerungen haben, ohne einen offensichtlichen Fortschritt zu sehen, verbannen Sie es aus Ihren Gedanken, und überschlafen Sie es.
5. Entspannen Sie sich bei der Arbeit. Wiederholen Sie mehrere Male: »Ich fühle mich entspannter und entspannter.« Diesen Satz sollten Sie gewissenhaft mehrmals täglich wiederholen.

In Ihrem Unterbewußtsein findet sich nur das, was Sie dort abgelegt haben (es hat also keinen Sinn, wenn Sie nach Burt Reynolds Telefonnummer oder Mohammed Alis Adresse fragen, falls Sie sie nie wußten). Von Ihrem Bankkonto können Sie nur Eingezahltes wieder abheben, und ähnlich verhält es sich mit Ihrem Unterbewußtsein: Sie können nur die Informationen abrufen, die Sie eingegeben haben. Stellen Sie sich das nur einmal vor – Sie können jederzeit jede Information abrufen, die von Ihnen gespeichert wurde.

Angenommen, Sie unterhalten sich mit einer Freundin und sagen: »Mary, ich versuche mich an den Namen dieses bekannten Restaurants zu erinnern, in dem wir vor fünf Jahren während unseres Urlaubs in Florida gegessen haben. Er liegt mir auf der Zunge, aber ich komme einfach nicht drauf.« Dann wechseln Sie das Thema, und plötzlich platzen Sie heraus: »Diner's Inn – das ist es!« In diesem Fall hat Ihr Unterbewußtsein erst die Akten unter »Urlaub« und anschließend unter »Restaurants« durchgesehen. Die meisten von uns haben sich bereits dieses Erinnerungsvermögens bedient. Mitunter vergehen – bis die Information geliefert wird – vierundzwanzig Stunden, falls Ihre Anfrage zum Höchsten Geist geschickt wird, und dann wieder in Ihr Unterbewußtsein einsickern muß.

Bedauerlicherweise arbeitet unser Unterbewußtsein nur wenig für uns, da die meisten unter uns es gewöhnlich nicht um Informationen bitten. Wir lassen unser Unterbewußtsein einfach Namen, Telefonnummern und Daten abspeichern, bitten aber selten darum, daß es sie wieder abgibt. Wir besuchen Gedächtnistrainings-Kurse, um zu lernen, wie wir uns an Telefonnummern, die wir täglich wählen, erinnern oder ein Datum merken können, obwohl wir eigentlich nur den Anfang machen müßten, die Kräfte unseres Unterbewußtseins zu nutzen.

Hat Ihr Gedächtnis aber einmal begonnen, für Sie zu arbeiten, wird es dies nicht mehr vergessen. Gelegentlich kommt es auch vor, daß Ihnen Ihr Unterbewußtsein eine falsche Information liefert, doch Ihr Bewußtsein wird das erkennen und eine zweite Anfrage zurücksenden. In aller Regel gibt dann das Unterbewußtsein die richtige Antwort.

Die Erinnerungs-Technik. Um die Macht Ihres Unterbewußtseins unter Beweis zu stellen, versuchen Sie es mit dieser Technik. Denken Sie an etwas Vergangenes... vielleicht an jemanden, den Sie seit Ihrer Kindheit nicht mehr gesehen haben, jemanden, an dessen Namen Sie sich nicht erinnern. Oder versuchen Sie sich den Namen einer Straße ins Gedächtnis zu rufen, in der Sie einmal lebten. Sie müssen nun Ihrem Unterbewußtsein lediglich dreimal – sehr positiv – einen Befehl geben. Sagen Sie laut: Wie war der Name der...? Wie war der Name der...? Wie war der Name der...? Dann denken Sie nicht mehr daran. Wenn Sie den Namen nach einigen Stunden noch nicht erhalten haben, wiederholen Sie den Befehl, und der Name wird Ihnen »einfallen«.

Der Höchste Geist. ASW (Außersinnliche Wahrnehmung) und die schöpferische Kraft haben ihren Ursprung in der dritten geistigen Ebene, dem Höchsten Geist.

Diese Ebene befindet sich außerhalb Ihres Körprs, im Universum. Der Höchsten Geist ist die Quelle plötzlicher Inspirationen, also wenn Sie beispielsweise in Ihrem Auto fahren und unvermittelt sagen: »Das ist eine tolle Idee!«, diese Idee aber in keinem Zusammenhang mit dem steht, was Sie zuvor dachten. Oder vielleicht kommt Ihnen die Idee für eine Erfindung, und Sie fühlen sich gezwungen, sie auf der Stelle niederzuschreiben.

Der Höchste Geist ist die wichtigste geistige Ebene, denn in ihr sind alle Antworten enthalten. Diese Antworten werden an Schriftsteller, Künstler, Sensitive und Erfinder weitergeleitet – an jeden, der sich den Höchsten Geist zunutze machen möchte. Und dies ist der Grund, warum zwei oder drei Erfinder in verschiedenen Teilen der Welt die gleiche Information für ein Perpetuum mobile oder eine andere energiesparende Erfindung erhalten. Sie alle haben die gleiche Idee aus ein und derselben Quelle empfangen. Und das ist der Grund, warum sich in zwei gleichzeitig zum selben Thema veröffentlichten Büchern ähnliche Sätze finden, die einer gemeinsamen Quelle zu entspringen scheinen. Diese Ideen befinden sich im Universum.

Und da das Universum Gedanken bereithält, hat jeder die Möglichkeit, in Verbindung mit jenem universellen Bewußtsein, jenem Höchsten Geist, jenem Gottesgeist zu treten und Informationen zu beziehen. Sämtliche Informationen im Universum, alles, was Sie wissen müssen, sind im Höchsten Geist enthalten. Sie müssen lediglich darum bitten. Und vermutlich haben Sie sich bereits den Höchsten Geist zunutze gemacht.

Beispiel: Sie haben an einem Donnerstagabend die Lösung für ein Problem noch nicht gefunden und sagen vielleicht: »Bis Freitag mittag muß dieses Problem gelöst sein.« Sie gehen schlafen, erwachen Freitag morgens, und siehe da, die Lösung fällt Ihnen ein. Sie schießt Ihnen förmlich in den Kopf, und Sie fragen sich, woher sie kam, wie es geschehen konnte, daß Sie so die Lösung fanden. Folgendes ist geschehen: Ihr Unterbewußtsein war ratlos und schickte eine Botschaft an den Höchsten Geist, der eine Antwort gab.

Nun werden Sie auch verstehen, warum es so wichtig ist, daß Sie beginnen, alle Kräfte Ihres Geistes zu nutzen und Ihre negativen Gedanken zu kontrollieren, damit Sie nicht länger von ihnen kontrolliert werden. Wenn Sie den Schritt tun, Ihre inneren Kräfte zu nutzen, öffnen Sie dadurch die Kerkertüren der Angst und treten in ein Leben ein, das Paulus als »die Freiheit und Herrlichkeit der Kinder Gottes« bezeichnet hat.

Max – ein Repräsentant von Millionen

An dieser Stelle möchte ich Sie mit Max bekannt machen. Max repräsentiert 90 Prozent der Menschen auf dieser Welt. Er steckt voller Angst, Krankheit, Frustration und Versagen. Jeder von uns war irgendwann einmal mit diesen Problemen konfrontiert. Max ist viel zu frustriert, um sich im Leben auf irgendeine Weise motiviert zu fühlen, zu zornig, um Ziele zu sehen, und zu sehr von Sorgen erfüllt, um irgendwelche Erwartungen zu haben. Wie Millionen andere Menschen weiß Max nicht, daß er die innere Kraft besitzt, sein Leben zu ändern, Krankheit durch vollkommene Gesundheit, Frustration durch Erfüllung und Mißerfolg durch Erfolg zu ersetzen.

Erinnern Sie sich, daß Sie alles, mit dem Sie sich in Gedanken beschäftigten, früher oder später erleben werden. Wenn sich Ihre Gedanken um Krankheit, schlechte Gesundheit, Armut, Streit und Unehrlichkeit drehen, dann werden diese Dinge in Ihrem Leben eintreten. Die Menschen beharren auf ihrem Recht, sich zu ärgern, und vielleicht sind sie ehrlich davon überzeugt, daß sie dieses Recht haben. Aber ist dieses Recht es wert, die Konsequenzen zu tragen, die solche Gefühle nach sich ziehen? Im ersten Kapitel haben wir dargestellt, daß aus jedem negativen Gedanken, den Sie hegen, ein äußerer Zustand wird. Ungeachtet der Tatsache, daß Sie ein Recht darauf haben, ärgerlich zu sein, wird Ihr Körper auf diese Gefühle in Form von Krankheit oder anderen Einschränkungen Ihres Lebens reagieren.

Menschen wie Max sind gleich Schiffen ohne Steuermann. Sie treiben dahin und warten, daß irgendeine äußere Kraft sie in die eine oder andere Richtung weht. Verschwenden Sie nicht die Kraft Ihres Geistes, indem Sie sie nicht nutzen oder sich einfach treiben lassen. Ihr Geist braucht einen Punkt, auf den er sich konzentrieren kann. Sie brauchen Ziele. Im fünften Kapitel halte ich einige Vorschläge bereit, wie Sie damit beginnen können, sich Ziele zu setzen.

Täglich geschehen Wunder

Während Sie die Lektüre fortsetzen, werden Sie in Ihrem eigenen Leben Wunder erfahren. Ich weiß das, denn so erging es mir. Durch die Nutzung meiner unterbewußten Kräfte und das Erkennen der Gegenwart meines Höheren Selbst begann sich meine rheumatische Arthritis innerhalb von sechs Monaten zu bessern. Auf meinen Reisen durch die Vereinigten Staaten erlebte ich Wunder, welche Männern und Frauen geschahen, die mit den Konzepten dieses Buches arbeiteten.

Fragen Sie sich einmal, warum manche Menschen traurig sind und andere glücklich? Warum sind manche Menschen von Freude erfüllt und andere versinken im Unglück? Warum sind manche wohlhabend und andere arm wie eine Kirchenmaus? Warum leiden manche wunderbaren, gütigen und religiösen Menschen an Körper und Geist, während es anderen, die nicht so gütig oder religiös sind, gutgeht? Lesen Sie weiter, und Sie werden die Antworten auf diese Fragen finden. Im folgenden Kapitel geht es um die Liebe, die einen festen Platz in Ihrem Leben finden muß, wenn Sie schließlich die Verantwortung für Ihre inneren Kräfte übernehmen.

Bevor ich mit diesem Kapitel schließe, möchte ich Ihnen einen Mann ins Gedächtnis rufen, der nach unseren Maßstäben wenig erfolgreich war. Er besaß in seinem Leben nie etwas, seine gesamte berufliche Laufbahn dauerte ganze sechsunddreißig Monate, er ging nie weiter als hundertfünfzig Meilen von zu Hause fort, er schrieb nie ein Buch, und die meisten von uns würden seine Sprache nicht verstehen. Und doch hatte er einen größeren Einfluß auf unsere Existenz als irgendeine Kraft seitdem. Wenn

Sie sich erinnern, er ging die Küsten Galiläas entlang, und wenn er sprach, so lauschten die Menschen. Er sagte in einem Satz das, was ich Ihnen mit diesem Kapitel zu übermitteln versuchte: »Wandelt euch und erneuert euer Denken.« Mit anderen Worten: Wenn Sie Ihr Denken wandeln, können Sie Ihr Schicksal verändern.

Viertes Kapitel

Lieben Sie sich und die Ihren

Liebe ist jenes Wort, das beim Romantiker wie auch beim Zyniker gleichermaßen eine bestimmte Reaktion hervorruft. Aber welche Reaktion ist richtig? Was wissen wir wirklich über die Liebe? In seinem Buch *Die Kunst des Liebens** sagt Erich Fromm, Liebe sei vielmehr eine Haltung als eine Beziehung zu einem bestimmten Menschen. Diese Haltung entscheidet darüber, wie sich ein Mensch zur Welt insgesamt verhält, nicht nur zu einer bestimmten Person. Fromm sagt, daß ein Mensch, der lediglich einen anderen Menschen liebt und sich allen anderen gegenüber gleichgültig verhält, Liebe mit ausgeprägtem Egoismus verwechselt.

Zu dieser nüchternen Definition sollten wir hinzufügen, was Paulus in seinem ersten Brief an die Korinther über die Liebe geschrieben hat. Paulus verkündet: »Die Liebe ist langmütig, die Liebe ist gütig. Sie ereifert sich nicht, sie prahlt nicht, sie bläht sich nicht auf. Sie handelt nicht ungehörig, sucht nicht ihren Vorteil, läßt sich nicht zum Zorn reizen, trägt das Böse nicht nach. Sie freut sich nicht über das Unrecht, sondern freut sich an der Wahrheit. Sie erträgt alles, glaubt alles, hofft alles, hält allem stand.«

Dieses Kapitel beginnt mit der Selbstliebe, weil es ohne Selbstliebe keine Liebe gibt. Während ich aufwuchs, brachte man mir bei, daß es besser sei, andere zu lieben als mich selbst. Deshalb hatte ich große Schwierigkeiten mich zu lieben, und empfand es als sehr viel leichter, andere zu lieben. Doch wie Erich Fromm betont, ist dies gar nicht möglich. Man muß sich selbst lieben, damit man einen anderen lieben kann, und das ist bei Ihnen nicht anders.

* Fromm, Erich: Die Kunst des Liebens. Berlin 1980

Ich verbrachte siebenunddreißig Jahre in meinem Körper, ohne ihm während dieser Zeit ein einziges Mal zu sagen, daß er wunderschön, herrlich, vollkommen und heil ist oder daß ich ihn liebe.

Jedesmal, wenn ich aus der Badewanne stieg, blickte ich in den Spiegel, entdeckte Dinge, die ich ändern wollte und dachte »Dies ist häßlich« und »Das ist dick«. Betrachtete ich mein Gesicht, sah ich nie die Schönheit. Statt dessen sah ich eine Nase, die nicht ganz gerade war, Augen, deren Blau mir zu wäßrig schien, einen zu schmalen Mund, zu klein geratene Ohren und Zähne, die zu schief standen.

Dann lernte ich vor einigen Jahren eine Methode kennen, die mir half, eines der schwierigsten Probleme in meinem Leben zu bewältigen – nämlich mich selbst zu lieben. Ein sehr weiser Mann riet mir, ich solle mir dreißig Tage lang mehrmals täglich im Spiegel in die Augen schauen und laut sagen: »Ich liebe dich.« Aber das war mir einfach unmöglich. Ich erklärte ihm, daß ich es einfach nicht schaffen würde, doch er antwortete, es sei notwendig, weil ich mich nicht mögen würde.

Ich ging in mich, um herauszufinden, warum ich mich nicht im Spiegel betrachten konnte. Ich dachte an eine Zeit zurück, als ich ungefähr dreizehn war, und erinnerte mich, wie mich eine Dame, deren Kind ich hütete, gerügt hatte: »Du hast einen aufreizenden Blick, und wenn du über die Straße gehst, dann kokettierst du ununterbrochen.« Sie merkte wohl nicht, wie mich das verletzte. Ich konnte mir einfach nicht vorstellen, daß ich kokett gewirkt haben könnte. Die Folge war, daß ich mich »unanständig« fühlte. Von diesem Zeitpunkt an sah ich, wenn ich unter Menschen war, niemandem mehr in die Augen.

Ich konnte mich auch erinnern, daß meine Großmutter jedesmal, wenn ich in den Spiegel schaute, getadelt hatte: »Na, na, das ist aber eitel, das weißt du. Sei nicht so selbstgefällig.« Aufgrund dieser negativen Programmierung durch andere gewöhnte ich es mir ab, irgend jemandem in die Augen zu schauen oder mich selbst zu betrachten.

Sobald ich begriffen hatte, warum ich mit meinen siebenunddreißig Jahren nicht in der Lage war, mich selbst liebevoll anzusehen, beschloß ich, an diesem Problem zu arbeiten. Zunächst streckte ich – wenn ich in den Spiegel schaute – meine Zunge heraus und sagte: »He, Patricia, ich liebe dich«, streckte meine Zunge noch einmal heraus und lachte. Es dauerte etwas mehr als einen Monat, dann beherrschte ich diese Technik.

Nach anderthalb Monaten wachte ich eines Morgens auf und empfand eine große Liebe für die Welt. Ich erinnere mich, wie ich fröhlich aus dem Bett sprang und zum Badezimmerspiegel lief. Spontan blickte ich in den Spiegel und sagte: »Patricia, ich liebe dich wirklich«, und schmatz, küßte ich mein Spiegelbild. Als ich etwas vom Spiegel zurücktrat, waren meine Augen von denen meines Spiegelbildes gefesselt. Ich erinnere mich, daß ich ungeheure Wärme und Liebe empfand. Die Augen im Spiegel schauten zurück und drückten aus: »Ich liebe dich auch.« Und da erkannte ich, daß ich nicht allein war, daß mich etwas Großartigeres, als ich selbst es bin, begleitete. Es war das erste Mal in meinem Leben, daß ich die Gegenwart meines Höheren Selbsts erlebte und wußte, daß sich die Unendliche Intelligenz eben in diesem Augenblick in mir befand. Zum erstenmal in meinem Leben erkannte ich, daß ich für diese Person im Spiegel kämpfen würde. Ich konnte es nicht länger zulassen, daß andere Menschen mit mir machten, was sie wollten, wie es in der Vergangenheit geschehen war, denn dort drinnen befand sich etwas Großartiges, großartiger als ich.

Wenn Sie sich selbst nicht recht leiden mögen, dann bedienen Sie sich dieser Techik. Schauen Sie in den Spiegel, und sagen Sie dem Spiegelbild »Ich liebe dich.« Tun Sie dies dreißig Tage lang, und Sie werden feststellen, wie sich Ihre Einstellung verändert.

Dr. Maxwell Maltz, ein bekannter Schönheitschirurg, vertritt die Ansicht, daß unser Geist in Worten und Bildern arbeitet. Sie haben ein geistiges Bild oder Selbstbild, das Ihr Verhalten und Ihre Ansichten bestimmt. Wenn Sie sich selbst lieben und stolz auf Ihr Selbstbild sind, dann haben Sie auch Selbstvertrauen. Mögen Sie sich dagegen nicht, dann schämen Sie sich Ihres Selbstbildes und möchten es lieber verbergen statt es zu offenbaren. Wie Sie sich als Mensch empfinden, bestimmt Ihre Lebensweise und das Leben, das Sie leben. Der menschliche Geist ist vergleichbar einem Computer, der das Bild wiedergibt, das ihm einprogrammiert wurde. Denken Sie an den alten Spruch aus der Datenverarbeitung: »Mist rein, Mist raus«, und beginnen Sie, Ihrem Geist nur noch positive Bilder von sich einzugeben.

In seinem Buch *Der Erfolg kommt nicht von ungefähr** berichtet Dr. Maltz, wie erstaunt er über den dramatischen Wandel von Charakter und Persönlichkeit seiner Patienten war, bei denen körperliche Gebrechen mit Hilfe der Schönheitschirurgie korrigiert wurden. Er beschreibt, wie durch die Operation mitunter ein vollkommen neuer Mensch geschaffen wurde, und sich nicht nur die äußere Erscheinung des Patienten wandelte, sondern auch sein ganzes Leben. In manchen Fällen hatten sich die Patienten zu dem chirurgischen Eingriff entschlossen, weil sie eingebildete körperliche Makel, wie zu große Nasen oder abstehende Ohren, für ihr Unglücklichsein verantwortlich machten. Statt ihre Nasen oder Ohren zu operieren, ›operierte‹ Dr. Maltz ihr Selbstbild, damit die Patienten sich sehen konnten, wie sie waren und lernten, ihr Selbstbild zu lieben.

In seinem Buch *Die Kraft des Positiven Denkens*** erzählte Dr. Norman Vincent Peale eine wunderschöne Geschichte von einem persischen Prinzen, der mit einem Buckel zur Welt kam. Diese Geschichte illustriert die Bedeutung des Selbstbildes und

---

* Maltz, Maxwell: Der Erfolg kommt nicht von ungefähr. Psychokybernetik. Düsseldorf 1970
** Peale, Norman Vincent: Die Kraft des Postiven Denkens. Thalwil 1974

die Macht Ihres Unterbewußtseins. Am zwölften Geburtstag des Prinzen versprach sein Vater ihm, er wolle ihm jeden Wunsch erfüllen. Zum Erstaunen des stolzen Königs wünschte sich der Prinz eine Statue von sich. Der Junge bat darum, daß das Standbild mit einem vollkommenen, geraden und wohlgeformten Körper gemeißelt würde. Als die Statue fertig war, stellte man sie im Garten des Palastes auf. Am Morgen und abends kurz vor dem Zubettgehen stand nun der Prinz vor dem Standbild und sagte: »Das bin ich. So werde ich heranwachsen. Dies ist mein Gesicht, mein Körper. So werde ich für andere aussehen.« Dieser Traum wurde zu einem Bild, und das Bild verwurzelte sich im Geist und im Herzen des Prinzen, und jede Nacht streckte er sich in seinem Bett etwas mehr, jeden Tag ging er ein wenig aufrechter. Und als er zu einem Mann herangewachsen war, sah er genauso aus wie das Standbild, aufrecht und groß, mit einem vollkommenen Körper und Wuchs.

Die Welt ist voller solcher »persischer Prinzen«, die lebende Beispiele sind. Auch Sie können zu ihnen gehören.

Wenn Sie einen Augenblick über diese Geschichte nachdenken, werden Sie erkennen, daß sich der persische Prinz mehrere der Techniken zunutze machte, die ich im ersten Kapitel erwähnte, um einen hochgewachsenen, geraden Körper zu erlangen. Er affirmierte, wie sein Körper aussehen sollte, visualisierte sich geradegewachsen und programmierte sein Unterbewußtsein jede Nacht vor dem Einschlafen mit diesen positiven Gedanken. Um meine rheumatische Arthritis zu besiegen, wandte ich vor zehn Jahren neben Gebet und Meditation die gleichen Techniken an, und darüber hinaus beschäftigte ich mich mit dem Unterbewußtsein und der Bibel. Dann gab mir ein Freund Dr. Peales Buch, und ich las die Geschichte vom persischen Prinzen. Diese Geschichte erweckte in mir den festen Glauben, daß auch ich meinen Körper auf die gleiche Weise strecken könnte. Und so geschah es!

Ihr Körper ist ein Tempel – handeln Sie danach

Ist es ein Wunder, daß unser Körper so reagiert, wie er es tut, wenn er so häufig ignoriert wird? Sprechen Sie mit Ihrem Körper liebevoll, und sagen Sie ihm, daß er wunderschön ist. Senden Sie freundliche Gedanken nach innen, zu Ihrem Inneren Selbst, damit Ihr Körper lobende, wohltuende Worte empfängt. Ihr Körper braucht so viel Aufmerksamkeit und Liebe. Er wartet auf Ihre mentalen Anweisungen. Lassen Sie ihren Körper spüren, wie wertvoll er für Sie ist, und wie glücklich Sie sich in ihm fühlen. Danken Sie ihm für all die wunderbaren Funktionen, die er für Sie durchführt. Sagen Sie abends vor dem Zubettgehen zu sich: »Ich bin vollkommen, ich bin heil, ich werde geliebt, mein Körper wird geliebt.« Wenn Sie aufwachen und duschen, schauen Sie in den Spiegel, und sagen Sie Ihrem Körper, wie wunderbar er ist. Sprechen Sie mit den Körperzellen, die so lebendig sind und alles hören, was Sie sagen. Machen Sie sich klar, daß Ihr Körper darauf reagieren wird, wenn Sie immer wieder negative Dinge sagen wie: »Mein Körper wird nie vollkommen oder heil sein« oder »Mein Körper wird immer zu dick sein.«

Übernehmen Sie die Verantwortung für Ihr Leben

Dr. Elisabeth Kübler-Ross hat die Erfahrung gemacht, daß jene Menschen, die nicht wirklich gelebt haben, auf ihren Sterbelagern am lautesten wehklagen. In ihrem Buch *Interviews mit Sterbenden** schreibt sie, diese Menschen hätten im Leben nie eine aktive Rolle übernommen. Stets standen sie im Hintergrund und schauten zu. Sie gingen nie ein Risiko ein.
Um zu leben und zu lieben, muß jeder von uns Risiken eingehen. Erinnern Sie sich an Ihre Kindheit. Kinder sind als risikofreudig bekannt. Erinnern Sie sich an die Zeit, als die Welt noch ein phantastisches Geheimnis war, als Sie jeden Winkel und jede Ritze erkunden mußten, als Sie alles berühren und erspüren

---

* Kübler-Ross, Elisabeth: Interviews mit Sterbenden. Stuttgart 1971

wollten. Beginnen Sie das Leben so aufs neue zu empfinden. Gewöhnen Sie sich an, die Verantwortung für Ihre Gedanken zu übernehmen. Seien Sie dessen gewiß wie damals als Kind, daß Sie ein Recht darauf haben, glücklich zu sein. Hören Sie auf, sich zu verurteilen. Werden Sie nicht zum Märtyrer. Dies liegt nicht im Sinn des Höchsten Geistes. Lernen Sie harmonische Gedanken in sich zu tragen, um erfolgreich zu sein. Wenn Sie sich den Kopf über vergangene Fehler zerbrechen, bremsen Sie nur Ihre Fortentwicklung. Fordern Sie, daß die Unendliche Intelligenz Sie begleitet und in dem unterstützt, was Sie beschließen. Nehmen Sie dieses Recht in Anspruch. Beanspruchen Sie durch Gebete die Macht, die in Ihnen ist.

Werden Sie sich selbst ein Freund. Wenn jemand Ihr Freund ist, akzeptieren Sie den Betreffenden so, wie er ist. Es spielt keine Rolle, wie er aussieht, denn er ist Ihr Freund. Sie sind weder kritisch, noch behandeln Sie ihn herablassend, Sie akzeptieren ihn einfach. Beurteilen Sie sich nicht strenger als Ihre Freunde. Sehen Sie sich an, und akzeptieren Sie sich als einen Freund. Falls Sie sich minderwertig fühlen, nicht wert, Ihr bester Freund zu sein, dann programmieren Sie Ihren Geist mit Hilfe einer Affirmation um. Beten Sie zu Ihrem Höheren Selbst, damit es Ihnen dabei hilft.

Wenn Sie ein neues Haus bauen, dann würden Sie, als der künftige Bewohner, über jede Einzelheit des Bauplanes sorgfältig nachdenken. Jede Kleinigkeit – von den Türklinken bis zu den Badezimmerschränken – müßte beste Qualität sein. Weniger würde nicht genügen. Und ebenso sollten Sie sich Ihrem Geist gegenüber verhalten. Gestalten Sie ihn vollkommen, und es werden wundersame Dinge geschehen. Bitten Sie um das, was Sie sich wünschen, visualisieren Sie es, glauben Sie fest daran, daß Sie es empfangen, und es wird eintreten. Jedes Bild, daß sie im Geiste tragen und durch den Glauben daran stärken, wird Ihr Unterbewußtsein Wirklichkeit werden lassen.

Sollten Sie feststellen, daß sich manche Ihrer kapitalistischen Wünsche in Ihrem Leben nicht realisieren, so überprüfen Sie Ihr Denken. Belastet Sie etwas aus der Vergangenheit? Gibt es jemanden in Ihrem Leben, dem Sie nicht verziehen haben? Fühlen Sie sich so von Schuld beladen, daß Sie sich selbst hassen, obwohl Sie vielleicht anderen selbstgerecht erscheinen? Nagt in Ihrem Herzen Eifersucht? Was immer auch Ihr Leben vergiften mag, schaffen Sie Abhilfe. Was es auch ist, denken Sie daran, daß der Höchste Geist bestimmt hat: »Das Alte ist vergangen, Neues ist geworden.« Treten Sie vor, und fordern Sie Ihr Glück auf dieser Erde.

Fühlen Sie sich nicht entmutigt, wenn Sie meinen, es ginge nicht schnell genug. Manchmal kann nur die Zeit allein jene Gedanken transformieren, die Ihr Schicksal verändern können. Entwicklung braucht Zeit. Glauben Sie von ganzem Herzen daran, daß sich Ihr Leben ändern wird und daß die Dinge, die Sie sich wünschen, in Ihrem Leben immer häufiger Wirklichkeit werden. Arbeiten Sie intensiv und unerschütterlich daran weiter. Wenn Sie nach der Wahrheit suchen, wird sie Ihnen offenbart. Sie werden jene Gaben empfangen, die Ihr Herz begehrt.

Lieben Sie Ihren Ehepartner

George Leonard schrieb einmal, wir könnten zwar um die Erde und zum Mond fliegen, doch hätte diese Gesellschaft noch keine Mittel und Wege gefunden, um sicherzustellen, daß zwei Menschen an sieben aufeinanderfolgenden Tagen in Harmonie miteinander leben. Die Statistiken bestätigen das: In den Vereinigten Staaten wird jede zweite Ehe geschieden, und die durchschnittliche Beziehung dauert ungefähr sechs Wochen. Beängstigende Zahlen? Ja, aber nur, wenn wir nicht alles nur mögliche über die Liebe lernen, und wenn wir uns nicht die Zeit nehmen und die Mühe machen, über den anderen Menschen so viel herauszufinden, wie es eben geht. Kürzlich kam ein Ehepaar in meine Beratung, das seit fünfunddreißig Jahren verheiratet war. Der Mann kannte weder die Lieblingsfarbe seiner Frau noch ihre Kleidergröße, ja er wußte nicht einmal ihren zweiten Vornamen. Die Frau verstand nichts vom Lieblingssport ihres Mannes, dem Fußball. Man sollte glauben, nach fünfunddreißig Ehejahren hätte ich sie nicht mit Ratschlägen, wie sie sich gegenseitig kennenlernen könnten, nach Hause schicken müssen, aber genau das tat ich.

Bemühen Sie sich, kämpfen Sie darum, Ihre Ehe zu retten? Oder ist Ihre Ehe in einen Zustand der Langeweile verfallen, der nur durch Streitereien unterbrochen wird? Das Ende einer Ehe muß nicht immer dramatisch sein: Sie muß weder durch Untreue noch Verlassen oder Schläge zerbrechen. Es brauchen sich nur nach und nach immer mehr Enttäuschungen, Mißverständnisse und Ärgernisse anzusammeln, bis es einer der beiden Betroffenen nicht länger erträgt. Tragischerweise merken viele Menschen nicht, was in ihrer Ehe geschieht, und wissen auch nicht, wie sie es verhindern könnten.

Jeder, der die Bausteine für eine glückliche und dauerhafte Ehe entdecken möchte, vermag dies auch. Den Anfang sollten Sie damit machen, in Ihrem Ehepartner mehr zu sehen als einen Körper, der gekleidet und ernährt werden will. Es steckt eine Seele in ihm, und diese Seele will geliebt werden. Liebe bedeutet Güte, die gleiche selbstlose Zuwendung, die so selbstverständlich schien, als Sie verliebt waren. Liebe bedeutet, dem Partner zu vertrauen; statt zu kritisieren, Verständnis zu empfinden und es zu zeigen – das bedeutet Liebe. Die Worte »Ich bin stolz auf dich« werden bei Ihrem Lebensgefährten Wunder bewirken. Warum finden wir den ganzen Tag über für andere freundliche Worte, aber vergessen sie, sobald wir unsere eigene Türschwelle überschreiten? Sagen Sie Ihrer Familie täglich, daß Sie sie von ganzem Herzen lieben, und Ihrem Ehepartner noch öfter. Das große Glück besteht aus kleinen Zärtlichkeiten wie diesen.

Seien Sie spontan. Langeweile und Alltagstrott sind zwei tiefe Schlaglöcher auf der Straße zu Ihrer goldenen Hochzeit. Spontaneität kann diesen Weg ebnen und sehr viel interessanter gestalten. Sollten Sie morgens aufstehen, immer den Kaffee machen, die gleiche Marke Frühstücksflocken essen, sich stets über das gleiche unterhalten, die gleiche Zeitung lesen, zur Arbeit gehen, nach Hause kommen, die gleichen Fernsehsendungen sehen, die Zähne putzen und wieder zu Bett gehen, dann meine ich genau

Sie. Zugegeben, Sie und Ihr Partner müssen bestimmte Routinearbeiten verrichten, damit Ihr Haushalt läuft, aber Sie können Abwechslung in diesen Trott bringen. Kaufen Sie Ihrer Frau eine wunderschöne Blume, nur eine Rose, um ihren Tag aufzuheitern. Legen Sie einen Liebesbrief dazu, wenn Sie Ihrem Mann sein Wurstbrot einpacken, und er wird glauben, er ißt ein Steak. Wenn Ihre Frau die Hausarbeit bisher allein erledigt hat, bieten Sie sich an, das Staubsaugen zu übernehmen. Bereiten Sie Ihrem Mann öfter sein Lieblingsgericht zu, und nicht nur an seinem Geburtstag. Unternehmen Sie zusammen etwas, fahren Sie zum Beispiel öfter einmal in die »Flitterwochen«. Wenn Sie Ihren Partner ansehen, und das alte Knistern hat einem Gefühl der Gleichgültigkeit Platz gemacht, und wenn Sie sich tagsüber häufiger darauf freuen, sich am Abend in Ihre Heizdecke zu kuscheln als an Ihren Ehepartner, bedeutet dies nicht notwendigerweise, daß Sie nicht mehr verliebt sind – Sie beginnen sich nur zu langweilen.

Wenn Sie mit Ihrem Geld sparsam umgehen müssen, dann bemühen Sie eben statt dessen Ihre Phantasie. Sie brauchen weder ein vornehmes Restaurant noch einen teuren Nachtclub zu besuchen. Bitten Sie notfalls Freunde darum, die Kinder abends zu hüten. Ein andermal können Sie Ihren Freunden den gleichen Gefallen tun. Ganz gleich, was Sie unternehmen, aber finden Sie wieder zu dem Menschen zurück, von dem Sie vor Ihrer Ehe nur so kurz wie nötig getrennt sein wollten.

Allen, die verheiratet sind, brauche ich nicht zu sagen, daß Liebe nicht unbedingt bedeutet, in allen Dingen übereinzustimmen. Wenn es zu Meinungsverschiedenheiten kommt, sollten Sie aber eine faire Auseinandersetzung führen und beim Thema bleiben. Wärmen Sie nicht immer wieder alte Streitigkeiten auf, und schießen Sie Ihren Partner nicht mit unwichtigen Dingen an, die Sie sich aufgespart haben, um Ihren Standpunkt zu untermauern. Versuchen Sie, den Argumenten des anderen zuzuhören (es wäre ja immerhin möglich, daß sie vernünftig sind). Gehen Sie abends nicht schlafen, bevor nicht alle Unstimmigkeiten mit Ihrem Ehepartner ausgeräumt sind. Während des Schlafs setzen sich ungelöste Probleme in Ihrem Geist als Einstellungen und Haltungen fest. Auch wenn Sie sich am folgenden Tag versöhnen und liebevolle Zuneigung zeigen, die Narbe bleibt. Sagen Sie in Augenblicken der Spannung und Uneinigkeit: »Ich liebe dich.« Und manchmal werden Sie drei Worte hinzusetzen müssen, die Ihnen noch sehr viel schwerer fallen: »Ich hatte Unrecht.« In manchen Fällen kann ein »verwundetes Herz« ohne diese Worte nicht geheilt werden.

Ängste, Zorn, Groll und Verbitterung legen nicht nur das Fundament zur Scheidung, sondern vergiften tatsächlich auch die Körper der Beteiligten. Dies kann auch für die Menschen, die Zeugen lautstarker Auseinandersetzungen werden, gelten. Ihr Körper, Ihr Geist und Ihre Seele wurden erschaffen, um Glück und Harmonie zu erleben. Wenn diese beglückenden Eigenschaften in Ihrer Ehe fehlen, bedienen Sie sich der Affirmationen im neunten Kapitel, um Ihre Ehe und Ihre Liebesbeziehungen zu verbessern.

Der Psychiater David Viscott schlägt in seinem Buch *The Language of Feelings** vor, eine Beziehung dann zu lösen, wenn sie langweilig wird und in ihrer Entwicklung stagniert. Die Partner müssen deshalb keine Schuldgefühle entwickeln, sagt Viscott, denn dauerhafte Beziehungen zwischen zwei Menschen seien in unserer Gesellschaft kaum mehr praktikabel. Das bedeutet also schlicht, wenn ich genug von dir habe oder du meiner überdrüssig bist oder es notwendig wäre, an unserer Beziehung zu arbeiten, dann gehen wir allen Schwierigkeiten aus dem Weg und trennen uns.

Viscott war offenbar so sehr damit beschäftigt, die Wirkungen zu untersuchen, daß er die Ursache vieler Partnerprobleme übersah. Wenn Sie verheiratet sind oder geschieden oder gar häufig wechselnde Beziehungen unterhalten, dann ist es sehr wahrscheinlich, daß Sie jedesmal der »gleichen Person« nur mit einem anderen Gesicht begegnen. Es laufen immer die gleichen Muster ab, weil Sie vor Ihrem eigentlichen Problem davonlaufen. Aber Sie wer-

* Viscott, Davis: The Language of Feelings. New York 1977.

den diesem Problem in jeder neuen Beziehung in einer anderen Verkleidung begegnen. Daher müssen Sie sich diesem Problem hier und jetzt stellen.

Wenn Sie die Ursachen herausgefunden und sich Gedanken darüber gemacht haben, warum Ihre Beziehungen nicht gutgingen, dann ist es vielleicht noch nicht zu spät. Wenn Sie aus Ihren Fehlern lernen, dann werden Sie sie wahrscheinlich nicht wieder begehen. Haben Sie dagegen Ihre Lektion nicht gelernt, können Sie sich nicht weiterentwickeln, weil Sie immer wieder das gleiche Problem anziehen. Viele Frauen möchten zum Beispiel Männer mit einer starken Persönlichkeit heiraten, Männer, an die sie sich anlehnen können. Wenn aber nun die Frau selbst unabhängig, stark und initiativ ist, der Mann aber nicht so stark wie erhofft, dann können daraus Schwierigkeiten entstehen. Im sechsten Kapitel wird ausführlicher behandelt, wie wir die Lektionen, die uns unser Leben aufgibt, erkennen können.

Wenn Sie beginnen, bei den Schwierigkeiten in Ihrer Ehe Hilfe im Gebet zu suchen, werden Sie feststellen, daß sich Ihnen spirituelle Wahrheit offenbart. Ich habe selbst miterlebt, wie Ehen auf diese Weise gerettet wurden, obwohl sie kurz vor der Auflösung standen. Falls Sie sich von einer Beziehung in die nächste stürzen, so meine ich, daß Sie ständig die gleichen Situationen wiederholen, statt sich Ihrem Problem hier und jetzt zu stellen.

Doch es gibt auch Grenzen dessen, was ein Mann oder eine Frau in einer Ehe ertragen kann. In diesen Fällen ist eine Trennung wahrscheinlich für alle Beteiligten das beste. Lassen Sie Ihr Höheres Selbst diese Entscheidung treffen. Die unendliche Intelligenz entscheidet jeden Fall individuell unter Berücksichtigung aller Beteiligten und der ursprünglichen Gründe für die Heirat. Dieser Höchste Geist ist zu weise, um eine Scheidung zu verbieten. Falls Sie nicht wissen, ob Sie sich von Ihrem Ehepartner scheiden lassen sollen, dann beanspruchen Sie die göttliche Weisheit Ihres Höheren Selbst, und beten Sie. Bitten Sie um Führung. Beten Sie immer wieder, und Sie werden feststellen, daß sich entweder Ihre Lebensumstände wandeln oder Ihnen die Möglichkeit gegeben wird, die Ehe zum Besten und im Einvernehmen der Beteiligten zu lösen.

Kürzlich hörte ich, wie ein Geistlicher im Fernsehen junge Menschen, die ans Heiraten dachten, ermahnte, nicht zu vergessen, daß eine Ehe fürs Leben sei, »bis daß der Tod euch scheidet«. Jeder von uns habe nur eine Chance, und wir sollten uns gründlich Gedanken über die Ehe machen, bevor wir uns binden würden. Ich wünschte, ich hätte diesem Geistlichen antworten können... um ihm zu sagen, daß ich mir als junger, heranwachsender Mensch sehr wohl Gedanken über die Ehe gemacht hatte. Ich glaubte damals aus tiefstem Herzen, daß der Mann, den ich heiratete, der einzige Mann in meinem Leben sein würde. Jung und unerfahren wie ich war, besaß ich nicht die Weisheit, um zu wissen, daß ich in dem Mann, den ich heiratete, eine Vaterfigur suchte. Ich wollte alles richtig machen. Ich betete Tag für Tag, ging zur Beichte und einmal in der Woche zur Kommunion. Ich war eine aufopferungsvolle, liebende Ehefrau, doch meine Ehe zerbrach, vielleicht auch meine Erwartungen. Als ich eine junge Frau war, wurde mir immer wieder gesagt, daß ich mit Einsamkeit, Schmerz, Kummer und dem Verlust meiner Würde zu leben hätte. Als ich diese Erwartungen nicht länger erfüllen wollte, hörte meine Ehe auf zu existieren.

Wir gehen nicht immer schnell zugrunde, manchmal »sterben« wir jeden Tag ein Stückchen. Wären mein Mann und ich nicht geschieden worden, so hätte ich das nicht überlebt. Mein Körper siechte langsam dahin. Ich litt an einer Magenerkrankung, die mir Beschwerden und Schmerzen verursachte. Wie so viele Eheleute weigerte ich mich loszulassen, damit der Höchste Geist walten konnte. Viele Verheiratete erwarten von dem Partner, daß er alle ihre eigenen Bedürfnisse befriedigt. Sie lieben den Partner nicht wirklich, vielmehr wollen sie ihn besitzen. Wenn sie doch nur auf den Höchsten Geist vertrauen, dann würde ihnen alles gegeben. Das Höhere Selbst, das ich kennengelernt habe, will nicht, daß ein Mensch in einer Situation voller Elend, Haß und Groll verharrt.

In manchen Ehen hat der Höchste Geist keinen Eingang gefunden, weil diese Ehen auf falschen Vorstellungen von Liebe, nur auf blinder Leidenschaft oder auf der Liebe zu bestimmten Eigenschaften basieren, statt auf der Liebe zum ganzen Menschen. Junge Menschen tragen hinsichtlich Liebe und Ehe eine ungeheure Verantwortung. Sie sollen eine Entscheidung für das ganze Leben treffen, die auf Liebe beruht, obwohl sie vielleicht nie erfahren haben, was Liebe bedeutet. Denken Sie an Ihre eigene Kindheit, und betrachten Sie sich selbst als eine Blume, die sich in dem Maße entfaltet, in dem sie geliebt wird. Bewirken Lob und Liebe, daß sich Ihre Blume bereits in einem früheren Stadium Ihres Lebens entfaltete? Wenn Sie andererseits als Kind nie Liebe erfuhren, nie wußten, was es bedeutet, liebkost zu werden, dann können Sie selbst auch nicht mehr lieben. Ihre Blüte wird sich nur so weit öffnen, wie sie als Kind geliebt wurden. Bei jedem Leser werden sich wahrscheinlich Bereiche finden, die sich aufgrund mangelnder Liebe nicht entfalteten. Dies bedeutet nicht, daß die meisten Eltern unfähig sind, ihren Kindern Liebe zu schenken, doch selbst liebevolle Eltern können ihren Kindern nur in dem Maß wahre Zuneigung geben, in dem sie selbst geliebt wurden.

Lieben und geliebt werden: Überwinden Sie die Barrieren. Viele Barrieren verhindern, zu lieben und geliebt zu werden. Während meiner Tätigkeit als Familienberaterin bin ich vielen Menschen begegnet, die Angst vor dem Alleinsein haben, und dennoch wissen sie nicht, wie sie eine Beziehung zu einem anderen Menschen aufbauen können. Sie sind unsicher, denn sie haben nicht gelernt, sich selbst zu lieben. Obwohl sie im Kreise einer Familie leben, fürchten sie sich davor, allein zu sein. Viele unserer Ansichten als Erwachsener wurden in unserer Kindheit geprägt. Wurde Ihnen, während Sie heranwuchsen, mangelndes Selbstwertgefühl tief in Ihren Geist einprogrammiert? Nannte man Sie »dumm«, wenn Sie einen Fehler machten, oder sagte man Ihnen »Du wirst es im Leben nie zu etwas bringen«? Schuldkomplexe oder mangelnde Selbstachtung verhindern die Liebe eines Menschen zu anderen, denn niemand kann einen anderen lieben, wenn er sich nicht selbst liebt. Es ist auch schwer, einen Menschen mit geringer Selbstachtung zu lieben, denn er zieht sich häufig in Mitleid und Verzweiflung zurück. Menschen mit Schuldgefühlen und mangelnder Selbstachtung müssen loslassen, damit der Höchste Geist wirken kann. In dem Maß, in dem wir uns selbst lieben, werden wir auch imstande sein, andere zu lieben.

In der kraftspendenden Meditation lernte ich meine Liebesfähigkeit zu vergrößern. Durch die Entwicklung meiner geistigen Kräfte und durch entsprechende Lektüre, zum Beispiel Erich Fromms *Die Kunst des Liebens* sowie Bücher von Sigmund Freud und die Bibel, wurde ich mir der ganzen Tiefe und des ganzen Umfangs der Liebe bewußt. Als ich darüber nachdachte, erkannte ich, daß die Liebesbeziehungen in meinem Leben meist an Bedingungen geknüpft waren, bestimmt durch Eifersucht, Haßgefühle und manchmal auch Gewalt, Konkurrenzdenken und Ehrgeiz. Die Beziehungen basierten auf oberflächlichem Verliebtsein. Den einen Jungen liebte ich, weil er attraktiv und muskulös gebaut war, den anderen wegen seines Lockenkopfes oder seiner großen blauen Augen.

Ich kann gut verstehen, daß viele Menschen schon irgendwann einmal glaubten, wahrhaft zu lieben, wenn sie tatsächlich nur Verliebtsein, körperlicher Anziehung oder gegenseitiger Neugier erlagen. Doch wenn dann die Zeit kommt, miteinander zu sprechen und verständnisvoll zu sein oder Stabilität in die Beziehung zu bringen, dann verschieben sie die Lösung ihrer Probleme in die Zukunft. Noch verhüllt ein rosaroter Schleier der Verliebtheit die Unzulänglichkeiten, die später die Beziehung belasten.

Wie viele Frauen haben gedacht und manchmal auch gesagt: »Oh, er wird schon erwachsen werden. Ich werde ihn ändern, wenn wir verheiratet sind.« Und es gelingt ihnen wirklich, die Männer zu ändern, die sie heiraten. Sie hören auf zu rauchen und zu trinken. »Ich habe ihm seine Ausbildung finanziert und ihn dorthin gebracht, wo er heute ist. Wenn ich nicht arbeiten und Geld verdienen würde«, behaupten sie, »dann könnte er sich all das nicht leisten.« Und unterdessen erzählen die Männer ihren

Freunden: »Hätte sie kein Geld, wäre ich ihr schon längst wegge-
laufen.« Und so leben der Mann und die Frau, statt in Liebe zueinander, in einem ständigen Machtkampf.

**Wie aus Beweggründen für eine Beziehung – Gründe für eine
Trennung werden können:**

● Ich habe sie geheiratet, weil sie so klein und zerbrechlich war;
und jetzt lasse ich mich scheiden, weil sie so schwach und hilflos ist.

● Ich habe ihn geheiratet, weil er so gutaussehend war; und jetzt
ist ihm nichts wichtiger als sein Aussehen.

● Ich habe sie geheiratet, weil sie so intelligent und geistreich
war; und nun führt sie ihre Intelligenz ununterbrochen ins
Feld.

● Ich habe ihn geheiratet, weil er so rational und vernünftig
dachte und ich wußte, daß es ihm finanziell immer gutgehen
wird; nun halte ich es nicht mehr mit ihm aus, weil er so ein
schrecklicher Langweiler ist.

● Ich habe ihn geheiratet, weil ich wußte, daß er mich gut ver-
sorgen wird – mir gefiel die Art, wie er Geld verdiente; nun
denkt er nur noch an sein Geschäft.

● Wir haben aufgrund der sexuellen Anziehung geheiratet; nun
haben wir nichts gemeinsam.

An diesen wenigen Beispielen können Sie erkennen, welche
Gründe zu einer Heirat führen können, die nichts mit wahrer
Liebe zu tun haben, und daß Liebe auch kein entwicklungsfähi-
ges Element in einer solchen Beziehung ist. Wenn Sie sich in einer dieser Situationen selbst wiedererkennen, bitten Sie Ihr Höheres Selbst um Führung, und seien Sie bereit loszulassen, damit
der Höchste Geist wirken kann.

Kürzlich wurde von einer Universitätsbibliothek eine Untersuchung durchgeführt, wie Menschen auf Berührung reagieren. Zunächst betrat ein Mann die Bibliothek, gab der Bibliothekarin einen Leihausweis und ein Buch, ohne sie dabei zu berühren. Dann erschien ein zweiter Mann, und während er der Bibliothekarin Buch und Leihausweis überreichte, berührte er sie. In beiden Fällen wurde die Bibliothekarin hinterher gefragt, ob sie bei den beiden Männern eine unterschiedliche Reaktion empfunden habe, und sie antwortete, sie habe nur den Mann, der sie berührte, richtig wahrgenommen.

Wenn Sie schon viele Jahre verheiratet und nicht mehr gewohnt sind, Körperkontakt mit Ihrem Ehepartner zu suchen, dann setzen Sie nicht voraus, daß er nicht liebkost werden will. Im Gegenteil, Sie müssen den Körperkontakt wieder häufiger suchen. Lieben Sie den ganzen Menschen, nicht nur seinen Körper. Berühren, spüren und lieben Sie sich wieder, als hätten Sie sich nie zuvor berührt, gespürt oder geliebt. Denken Sie daran, daß eine Ehe nicht nur so lange dauert wie die Flitterwochen.

Ein Rat an Mütter und Väter: Es kann für ein Kind beängstigend sein, zu einem stehenden Erwachsenen aufblicken zu müssen. Wer sich »kleinmacht«, dem werden die Kinder zuhören, denn er ist ihnen näher. Gehen Sie in die Hocke und sprechen von dieser Warte aus mit den Kindern.

Andere lieben

Von Zeit zu Zeit frage ich meine Klienten: »Wenn man Ihnen eröffnen würde, Sie hätten nur noch vierundzwanzig Stunden zu leben, was würden Sie dann tun?« Manche erwiderten: »Nun, ich würde meine Mutter und meinen Vater anrufen und ihnen sagen, daß ich sie liebe«, oder »Ich würde meinen Kindern sagen, daß sie mir sehr viel bedeuten und ich sie liebe.« Sagen Sie es den Ihnen am nächsten stehenden Menschen, daß Sie sie lieben – so, als hätten Sie nur noch vierundzwanzig Stunden zu leben. Leben

Sie heute so, als gebe es kein Morgen, und es wird Ihnen einmal leichter fallen, wenn Sie diese Erde verlassen. Sie werden Ihr Leben gelebt haben, vor allem, wenn Sie gleich damit beginnen.

Gewöhnlich überfliege ich die Zeitung nur flüchtig, doch eines Tages blieb mein Blick an einer Überschrift hängen: »Liebe schenkte Baby zum zweiten Mal das Leben«. Der Bericht erzählte von einem kleinen Mädchen, welches so krank auf diese Welt kam, daß die Krankenschwestern es nur mit Handschuhen anfaßten, um sich vor einer Ansteckung zu schützen. Niemand wollte das kleine Mädchen haben, auch seine Mutter nicht. Es war mit einer ererbten Syphilis und Röteln, spröden Knochen und einem Herzfehler geboren worden und wog nicht einmal 700 Gramm. Die Ärzte auf der Neugeborenen-Intensivstation an der Universitätsklinik von Illinois stellten weiterhin fest, daß das Kind blind und taub war, und fürchteten, sein Zustand würde sich noch verschlimmern, aber sie irrten.

Nach sechs Jahren hatte sich dieses Baby zu einem lebendigen, normalen Kind entwickelt, das den Kindergarten verließ, um eingeschult zu werden. Natürlich hatten die moderne Medizin und Technologie eine Rolle bei seiner erstaunlichen Gesundung gespielt, doch die Ärzte führten sie im wesentlichen auf die Liebe zurück, die eine Frau diesem von seiner Mutter verlassenen Baby geschenkt hatte. Es war eine ausgebildete Krankenschwester, die das Kind in ihre Obhut nahm. Zuerst hielt sie es oft in den Armen, später wickelte sie es dann in ein Tuch ein und trug es auf dem Rücken mit sich herum, während sie die anderen Babys auf der Kinderstation des Krankenhauses versorgte. Die Ärzte glauben, daß vor allem die Liebe der Krankenschwester dazu beitrug, das Kind gesunden zu lassen.

Die Alten und die Jungen

Liebe kann wirklich das Wichtigste im Leben sein, und manchmal – wie in der vorangegangenen Geschichte – entscheidet sie über Leben und Tod. Leider nutzen die meisten von uns die Macht der Liebe ebensowenig wie die Kraft ihres Unterbewußtseins. Wenn ich mit Seniorengruppen spreche, frage ich immer, ob sie an der Begegnung mit anderen Menschen interessiert sind. »O ja«, antwortet dann manch eine ältere Dame, »aber ich habe Angst ›guten Tag‹ zu sagen.« Dann frage ich sie, ob sie den Gruß eines Fremden erwidert, und sie sagt: »Nein, das könnte ich nicht. Dazu bin ich zu schüchtern.« Welch ein Unglück, daß manche Menschen nicht in der Lage sind, Kontakt mit anderen aufzunehmen, die Kluft zwischen zwei Menschen zu überbrükken. Immer wieder ermahne ich die Senioren, sich nicht selbst zu isolieren, sondern aus sich herauszugehen, um neue Freundschaften zu schließen. Der Mensch braucht nun einmal andere, mit denen er sich austauschen kann, die ihn so akzeptieren, wie er ist.

Mit dem Älterwerden vergessen die Menschen oft, daß sich ihre Blume immer noch entfaltet, und in vielen Fällen erfüllen gerade ältere Menschen selbst ihre eigenen Vorurteile über das Alter. Wenn Sechzigjährige, die ein erfülltes, aktives Leben führen, meinen, sie könnten mit siebzig *nicht* mehr selbst für sich sorgen, dann werden sie wahrscheinlich nicht mehr dazu in der Lage sein. Durch negative Selbstprogrammierung werden sie diese Voraussage erfüllen. Die Statistiken zeigen auch, daß die Selbstmordrate mit zunehmendem Alter ansteigt.

Alter	*Prozent der Bevölkerung der USA**[*]
50 bis 59 Jahre	17,7 Prozent
60 bis 69 Jahre	18,3 Prozent
70 bis 79 Jahre	21,6 Prozent
80 Jahre und älter	20,2 Prozent

[*] Quelle: Angaben des National Center for Health Statistics für 1978 Washington D.C.

Diese traurige Statistik macht nicht nur überdeutlich, wie ältere Amerikaner zu ihrem Leben stehen, sondern auch, wie wir Jüngeren ältere Menschen behandeln und ihnen gegenüber empfinden. Bedenken Sie einmal, wie mehr Liebe und Achtung diese

Statistik verändern könnte!

Und dabei haben ältere Menschen den Jüngeren so viel aus ihrem reichen Erfahrungsschatz zu geben – sie sollten nicht in Pflegeheime abgeschoben werden! Bundesweit durchgeführte Programme, die Kinder und Senioren in Tagesstätten zusammenbringen, haben unlängst bewiesen, daß die Jungen den Alten dabei helfen, jung zu bleiben und die alten Menschen nur zu gern ihre Zeit den Jungen widmen. In der Großfamilie der Vergangenheit fand ein gesunder Ausgleich zwischen den Altersgruppen und Persönlichkeitsstrukturen statt. Wenn Sie ältere Verwandte haben, so sollten Sie überlegen, ob Sie sie nicht in Ihre Familie aufnehmen möchten.

Erschreckend ist die Tatsache, daß Jugendliche jene Gruppe bilden, deren Selbstmordrate am schnellsten steigt. Mit fünfzehn oder sechzehn oder jünger wissen Jugendliche noch nichts vom Sinn des Lebens, und doch setzen sie ihrem Leben ein Ende, ehe sie es kennenlernten. Unsere Gesellschaft muß diesen Kindern klarmachen, daß auch sie schon Verantwortung für sich tragen. Statt sie zu kritisieren, müssen wir ihnen mit Rat und Tat zur Seite stehen. Jugendliche brauchen unsere Liebe und Unterstützung. Die Selbstachtung entwickelt sich, während ein Kind heranwächst. Sie wird durch die Eltern des Kindes und seine Umwelt geprägt. Auch wenn Sie selbst keine Kinder haben, so sind Sie doch Teil dieser Umwelt. Behandeln Sie die Jugendlichen in Ihrer Nachbarschaft nicht herablassend, sondern begegnen Sie ihnen mit Respekt, und die Jugendlichen werden sich dementsprechend verhalten.

Das um sich greifende Alkohol- und Drogenproblem unter Jugendlichen offenbart, daß viele Jugendliche mit sich und der Umwelt nicht fertig werden. Sie können nicht erwarten, daß ein Jugendlicher mit seinen Problemen allein zurechtkommt. Sie müssen ihm helfen, seine Unsicherheit zu überwinden. Es wird viel Zeit beanspruchen, Gespräche und Liebe bedürfen, um sicherzustellen, daß die Selbstachtung Ihres Kindes sich entwickelt.

Während eines Vortrages in New York City sagte der Dalai-

Lama einmal, es sei unsere vornehmste Pflicht, anderen zu helfen. Dann lächelte er und fügte hinzu: »Und bitte, wenn Sie ihnen schon nicht helfen können, würden Sie sie wenigstens nicht verletzen?« Unseren Freunden und Verwandten zu helfen und sie zu lieben, ist meist nicht schwierig. Anders ist das bei einem weniger nahestehenden Menschen. Vielleicht mögen Sie sein Verhalten, sein Aussehen, seine Eigenarten nicht. Wann immer Sie spontan eine Abneigung gegen jemanden haben, versuchen Sie, hinter das Äußere oder die provozierenden Eigenschaften des Betreffenden zu schauen, sein Höheres Selbst zu erkennen, denn in diesem Menschen wohnt die gleiche Unendliche Intelligenz wie in Ihnen. Haben Sie Geduld. Es braucht manchmal Zeit, um die Unendliche Intelligenz in jemandem herauszufingen. Es ist ein erhebendes Gefühl, wenn Sie erkennen, daß Sie keine Schuldgefühle aufkommen lassen müssen, weil Sie das Aussehen oder gewisse Verhaltensweisen und Eigenschaften eines Menschen nicht mögen, denn Sie lieben die Unendliche Intelligenz in ihm.

Da Gedanken etwas Reales sind, manifestieren sie sich. Versuchen Sie deshalb Ihre Gedanken positiv zu stimmen. Hegen Sie keine Haßgefühle gegen Ihren Nachbarn, keine Gedanken an Unredlichkeit, Ehebruch, der Begierde oder der Rache. Wenn Sie solche Gefühle pflegen, werden diese Gedanken schließlich Wirklichkeit werden. Begegnen Sie Menschen, die Sie verletzen wollen, mit Güte. Bemühen Sie sich um Verständnis, daß diese Menschen vielleicht tief in Ihrem Innern einmal tief verletzt worden sind und deshalb nicht anders handeln können. Beten Sie zu dem Höheren Selbst in jedem von ihnen, und Sie werden sehen, wie sich ein Wandel vollzieht. Wenn Sie Liebe mit Liebe vergelten, werden auch Sie Liebe empfangen, vergelten Sie Haß mit Haß, ernten Sie ebenso Haß. Zunächst müssen Sie selbst sich von Groll und Feindseligkeiten freimachen und dann einen Gemütszustand schaffen, der voller Zufriedenheit und Harmonie ist. Senden Sie diese gute und positive Botschaft an jene aus, die Sie verletzen wollen, und Sie werden feststellen, daß die Situation sich zum Besseren wendet.

Die Weiße-Kreuz-Technik

Macht Ihnen Ihr Chef das Leben schwer, oder bereitet Ihnen ein Kollege ständig Schwierigkeiten, probieren Sie einmal die Weiße-Kreuz-Technik aus. Visualisieren Sie über dem Kopf des Betreffenden ein weißes Kreuz, und beginnen Sie liebevolle Gedanken an das Höhere Selbst dieses Menschen auszusenden. Sagen Sie im Geiste: »Du möchtest mir keinen Schaden zufügen. Du wirst liebevoller. Du bist ein weitaus liebevollerer Mensch.« Während Sie diese Worte formulieren und vor Ihrem geistigen Auge das weiße Kreuz sehen, werden Sie feststellen, daß sich der Gesichtsausdruck des Betreffenden ändert. War er gehässig, wird er sanftmütiger werden, war er wütend, beginnt er auf einmal ruhiger zu sprechen. Das weiße Kreuz schützt Sie. Mit seiner Hilfe kann niemand Ihnen etwas anhaben. Etwas im Innern des anderen Menschen sehnt sich danach, in der Gegenwart des weißen Kreuzes sanft, gütig und liebevoll zu sein. Wenn Sie sich daher auf die göttliche Gegenwart in jenen Menschen, die Ihnen Schaden zufügen wollen, konzentrieren, wird sich ihr Wesen wandeln.

Sie können diese Technik anwenden, wann immer Sie sich in Gesellschaft von Menschen befinden, die negativ gestimmt sind oder auf andere Menschen nicht gut zu sprechen sind. Sie brauchen nur ein weißes Kreuz über den Köpfen der Betreffenden zu visualisieren, und diese werden sich in ihrem eigenen Bewußtsein zu wandeln beginnen.

Dies ist besonders dann nützlich, wenn Sie sich nicht an einem solchen Gespräch beteiligen möchten, aber sich auch nicht zurückziehen können.

Von anderen annehmen

Ist es nicht seliger zu geben als zu nehmen? Nicht immer. Mir bereitete es mein ganzes Leben lang Schwierigkeiten, etwas anzunehmen. Ich gebe gern, doch wenn andere mir etwas geben wollen, so kann ich das nicht leicht annehmen. Das folgende Beispiel macht deutlich, was ich damit meine. Als ich begann Gruppen abzuhalten, in denen ich weitergab, was ich über das Unterbewußtsein gelernt hatte, fing ich zunächst mit vier Frauen an, die um meinen Küchentisch saßen. Und dann erschien eines Tages auf einmal keine mehr zu der Gruppenstunde. Ich fand das merkwürdig, denn offensichtlich waren alle vorher gern gekommen. Ich rief also eine der Frauen an und erkundigte mich, warum sie nicht erschienen war. Sie antwortete, die Gruppenmitglieder seien der Meinung, da sie meine Zeit und mein Wissen beanspruchten, müßten sie sich in irgendeiner Weise erkenntlich zeigen. War dieses Thema zu einem früheren Zeitpunkt zur Sprache gekommen, hatte ich mich strikt geweigert, irgend etwas anzunehmen. Nachdem wir uns aber auf eine geeignete Gegenleistung geeinigt hatten, kehrten die vier wieder zurück, und seitdem habe ich ständig Gruppen abgehalten... glücklicherweise nicht mehr in der Küche.

Man sollte meinen, ich hätte nun auch meine Lektion gelernt, aber so war es nicht. Und wie ich schon ausführte, begegnet man einem Problem immer wieder, wenn man eine Lektion nicht gelernt hat. Etwas in meinem Innern bestand darauf, ich könne alles selbst erledigen und dürfe niemandem zur Last fallen. Dann erinnerte mich eines Tages eine sehr liebe Freundin, daß ich wieder jeden, der mir etwas geben wollte, daran hinderte, die Freude und den Segen des Gebens empfangen zu dürfen. Und diesmal lernte ich meine Lektion.

Selbst wenn Sie zunächst nicht imstande sind, etwas anzunehmen, denken Sie stets daran, daß Sie in dem gleichen Maße empfangen, wie Sie geben. Erlauben Sie jenen, die Ihnen helfen und geben möchten, dies zu tun. Nur ein Märtyrer will alles tun und geben, ohne etwas dafür empfangen zu wollen. Der Höchste Geist erwartet jedoch von *niemandem*, ein Märtyrer zu sein.

In diesem Kapitel habe ich an Sie weitergegeben, was ich über die Liebe herausfand: daß es eine Grundbedingung ist, sich selbst lieben zu können, bevor man fähig ist, einen anderen zu lieben. Verliebtsein und körperliche Anziehung tarnen sich manchmal als Liebe. Gebete und Liebe können Wunder bewirken. Im nächsten Kapitel will ich darüber sprechen, wie Sie Ihr verborgenes Potential entdecken und sich Ziele setzen. Doch Sie müssen sich zuerst selbst lieben, bevor Sie diese Konzepte verwirklichen können.

Fünftes Kapitel

Ihr verborgenes Potential

Ihre vornehmste Pflicht sich selbst gegenüber ist, Ihre eigene Persönlichkeit zu entwickeln, damit Sie Ihren rechtmäßigen Platz im Leben einnehmen können. Dies ist aber nicht so einfach, wie es klingt, da wir uns leicht von den Erfolgen anderer verwirren lassen und uns die Berichterstattung der Medien stets über die Reichen und Berühmten auf dem laufenden halten. Die eigene Entwicklung wird leicht durch die Verehrung berühmter Zeitgenossen ersetzt. Ein solcher irregeleiteter »Verehrer« versuchte beispielsweise den Präsidenten der Vereinigten Staaten zu ermorden, nur um die Aufmerksamkeit der von ihm angebeteten Schauspielerin auf sich zu lenken. Ganz sicher ist dies ein Extremfall, und die meisten von uns geben sich mit einem Rambo-Sweatshirt, einem Boris-Becker-Tennisschläger, einer Gloria-Vanderbilt-Bluse, einer Bayern-München-Jacke oder einer Prinzessin-Diana-Frisur zufrieden.

Wenn Kinder älter werden, versuchen sie Schauspieler, Sportler oder andere Brühmtheiten nachzuahmen, und weil sie ihren Blick auf andere richten, versäumen sie die Gelegenheit in sich selbst zu blicken, um ihr eigenes verborgenes Potential zu entdecken. Von ihrer Verehrung geblendet, bedürfen sie der Unterstützung von Eltern oder Beratern, damit sie sich mehr auf sich konzentrieren. Wenn Jugendliche immer wieder ihre Helden imitieren, dann werden sie auch versuchen, die Bestätigung, die ihre Helden erhalten, zu bekommen. Und nach Jahren werden sie als Erwachsene stellvertretend für andere leben und darüber die wichtigste und einzigartigste Person in ihrem Leben vernachlässigen – sich selbst.

Übernehmen Sie die Verpflichtung, *der Mensch* zu werden, der Sie werden können – ein einzigartiger Mensch mit persönlichen

Zielen, nicht die Kopie von jemand anderem. Akzeptieren Sie die Rolle, die Ihnen bei Ihrer Geburt zugedacht wurde: Werden Sie aus eigenem Anspruch ein individueller Mensch. Wenn Sie hinter Ihr Alltags-Ich schauen, werden Sie Ihrem wahren Ich begegnen und Ihrem Umfeld etwas Einzigartiges geben können – sich selbst. Schauen Sie, während Sie sich Ziele setzen, tief in Ihr Inneres, und Ihr verborgenes Potential wird sich offenbaren.

Setzen Sie sich Ziele

Lassen Sie sich Tag für Tag dahintreiben, ohne zu wissen, wo es hingeht, oder ohne sich vorstellen zu können, wie Sie Ihr Leben besser gestalten könnten? Dieses Verhalten steht der menschlichen Natur entgegen. Schon Aristoteles sagte, der Mensch sei ein Tier auf der Suche nach einem Ziel, und sein Leben habe nur Bedeutung, wenn er sich bemühe und nach seinem Ziel strebe. Eine Möglichkeit, Ihr Leben sinnvoller zu leben, besteht also darin, sich Ziele zu setzen. Andernfalls werden Sie ein Opfer der Umstände. Haben Sie im Leben keine Ziele und keine eigenen Vorstellungen, werden Sie von dem, was andere denken, stärker beeinflußt als von *Ihren* Gedanken und Gefühlen. Setzen Sie sich keine Ziele, sind Sie der Willkür anderer ausgeliefert, auch schon in kleinen Dingen im beruflichen wie im häuslichen Alltag. Ertappen Sie sich dabei, daß Sie immer einen anderen Menschen um Rat bitten, statt selbst eine Entscheidung zu treffen? Wenn das so ist, wurde Ihnen, während Sie heranwuchsen, vermutlich einprogrammiert, die Meinung eines anderen sei notwendig, weil Sie zu einer eigenen Entscheidung nicht fähig seien. Aber Ihre Wünsche werden nicht in Erfüllung gehen, wenn Sie nicht beginnen, sich Ziele zu setzen, denn Sie sind sonst zu sehr damit beschäftigt, die Wünsche anderer zu erfüllen. Wenn Sie nicht wissen, welche Ziele Sie sich setzen sollen, dann affirmieren Sie: »Mein Unterbewußtsein weiß stets, welche konkreten Ziele ich mir setzen muß. Mein Unterbewußtsein gibt mir genau in diesem Moment die entsprechende Information.« Wiederholen Sie dies immer wieder. Schließlich werden Sie sehr genaue Vorstellungen entwickeln, worin Ihre Aufgabe besteht oder welche Ziele Sie sich setzen sollen.

Glauben Sie an Ihre Ziele und Wünsche. Hören Sie nicht auf Menschen, die behaupten, Sie würden Ihre Ziele nie erreichen. Erkennen Sie, daß Sie im Innern über die Kraft verfügen, auf dieser Erde alles zu verwirklichen, was Sie realisieren möchten, solange Sie auf Ihr Ziel hinarbeiten, sich darin üben und damit auseinandersetzen. Allein negative Programmierung vermag Ihren Erfolg einzuschränken. Wir alle nutzen von dem wirksamsten Geschenk, das der Höchste Geist uns gab, unserem Geist, nur einen winzigen Teil, obwohl uns ein nahezu grenzenloses Potential zur Verfügung steht.

Beschäftigen Sie sich mit dem Ziel- und Erfolgsplan auf den Seiten 77–81. Mit Hilfe dieses Planes können Sie für jeden Bereich Ihres Lebens Ziele festlegen. Damit sich Ihr Leben im Gleichgewicht befindet, müssen Sie sich – um sich zu einem ganzheitlichen Menschen entwickeln zu können – für jeden Aspekt Ihres Lebens Ziele setzen. Der letzte Teil des Plans, der Zielaffirmationen und geistige Bilder behandelt, faßt Ihre Ziele zusammen. Lesen Sie diesen Teil mindestens einmal täglich. Konzentrieren Sie sich auf jede Affirmation und visualisieren Sie diese. Beschließen Sie, daß sie wahr ist, und danken Sie Ihrem Höheren Selbst dafür.

Es hat eine magische Wirkung, wenn Sie Ihre Ziele niederschreiben. Wenn Sie Ihre Liste jeden Abend lesen und die Affirmationen vor dem Zubettgehen wiederholen, werden Sie diese Gedanken in Ihr Unterbewußtsein einsenken, und Ihre Wünsche verwirklichen sich. Es wirkt Wunder! Nachdem ich zum erstenmal meine Ziele aufgeschrieben hatte, bekam ich einen Schreck, als sie sich in meinem Leben schon nach wenigen Tagen zu realisieren begannen. Wenn dies geschieht, gehen Sie dazu über, sich höhere Ziele zu wählen, die jene, die Sie erreicht haben, ersetzen.

Behalten Sie die Liste mit Ihren Zielaffirmationen und geistigen Bildern für sich. Erinnern Sie sich an jene Geschichte in der Bibel, als Jesus einen Aussätzigen heilte und ihn dann ermahnte, niemandem von seiner Heilung zu berichten. Wäre der Mann nach Hause gegangen und hätte laut verkündet, er sei geheilt, so hätte vielleicht mancher Zweifler gesagt, seine Heilung würde sicher nicht von Dauer sein. Darauf hätte sein Unterbewußtsein reagiert, und sein Aussatz wäre wieder ausgebrochen.

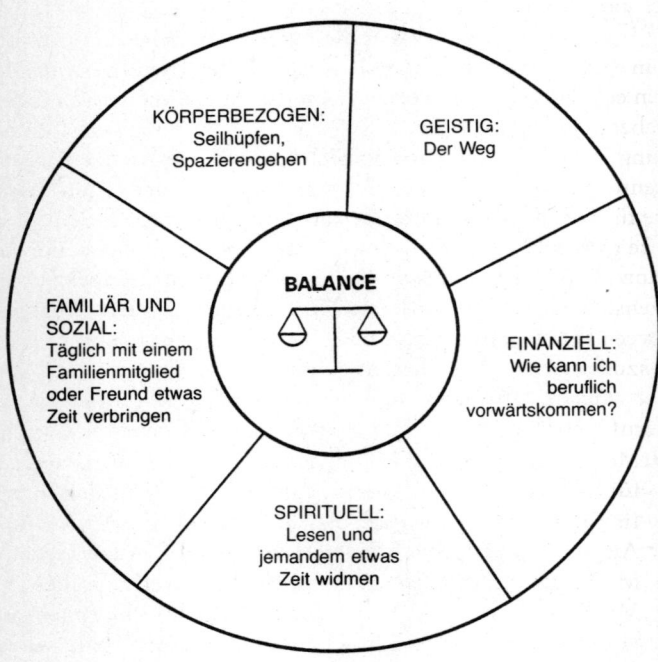

Wenn nicht alle fünf Lebensbereiche für Sie wirken, wird Ihr Lebensrad holpern und flattern wie ein platter Reifen, denn Ihr Leben befindet sich nicht im Gleichgewicht

Das gleiche geschieht, wenn Sie sich Ziele setzen. Geben Sie den negativen Gedanken von niemandem eine Chance, Eingang in Ihre Zielsetzung zu finden. Vor einigen Jahren begann ich, mit der Pyramidenkraft zu arbeiten: Ich legte meine Affirmationen unter eine Pyramide aus Pappe, weil ich erfahren hatte, daß die Energie innerhalb der Pyramide meine Affirmationen verstärkt.

Ziel- und Erfolgsplan

Um ein positives Selbstbild entwickeln und Ihre Aufgabe im Leben erfüllen zu können, müssen Sie sich für jeden Bereich Ihres Lebens Ziele setzen. Da die Ziele in gegenseitiger Wechselbeziehung stehen, können Sie familiäre Ziele nicht von beruflichen trennen oder körperbezogene Ziele nicht von geistigen. Wenn Sie für jeden der nachfolgenden Bereiche auf einem Blatt Papier Ihre ganz persönlichen Ziele und Pläne niederschreiben, um sie dann zu verwirklichen, werden Sie sich zu einem ganzheitlichen Menschen entwickeln – einem Menschen, der ein mit Sinn und Zweck erfülltes Leben lebt. Ihre Ziele, Träume und Hoffnungen auszudrücken – wird Ihren Geist beflügeln.

Berufliche Ziele:
- Meine langfristigen beruflichen Ziele (in den kommenden fünf Jahren).
- In meinem Beruf wird mein Lebenszweck auf diese Weise Ausdruck finden.
- Mein Plan zum Erreichen meiner beruflichen Ziele.
- Meine kurzfristigen beruflichen Ziele (im kommenden Jahr).
- Was ich an jedem Arbeitstag tun muß, um meine beruflichen Ziele zu erreichen.

Finanzielle Ziele:
- Ich will im Alter von... in Pension gehen.
- Wenn ich in Pension gehe, werden sich meine Ersparnisse auf... belaufen.

- Meine langfristigen finanziellen Ziele (in den kommenden fünf Jahren).
- Mein Plan zum Erreichen meiner finanziellen Ziele.
- Meine kurzfristigen finanziellen Ziele (im kommenden Jahr).
- Was ich täglich tun muß, um meine finanziellen Ziele zu erreichen.
- Meine finanzielle Situation wird in dieser Weise meine Lebensaufgabe fördern.

Spirituelle Ziele:
- Meine langfristigen spirituellen Ziele (in den kommenden fünf Jahren).
- Meine spirituellen Ziele werden auf diese Weise meiner Lebensaufgabe Ausdruck geben.
- Meine kurzfristigen spirituellen Ziele (im kommenden Jahr).
- Was ich täglich tun muß, um meine spirituellen Ziele zu erreichen.

Körperbezogene Ziele:
- Meine langfristigen körperbezogenen Ziele (in den kommenden fünf Jahren).
- Meine kurzfristigen körperbezogenen Ziele (in einem Jahr).
- Was ich täglich tun muß, um meine körperbezogenen Ziele zu erreichen.

Geistige Ziele:
- Meine langfristigen geistigen Ziele (in den kommenden fünf Jahren).
- Um meine beruflichen, finanziellen und spirituellen Ziele zu erreichen, muß ich mich in dieser Weise geistig entwickeln.
- Was ich täglich tun muß, um meine geistigen Ziele zu erreichen.

Familiäre und soziale Ziele:
- Meine langfristigen familiären und sozialen Ziele (in den kommenden fünf Jahren).

- Meine Lebensaufgabe wird durch meine Familie und sozialen Ziele in dieser Weise Ausdruck finden.
- Was ich tun muß, um diese langfristigen familiären und sozialen Ziele zu erreichen.

Zielaffirmationen und geistige Bilder

Zum Erreichen Ihrer Ziele müssen Sie diese immer wieder bekräftigen, dazu affirmieren und visualisieren Sie einen mit Ihrem Selbstbild verknüpften Aspekt. Um Ihre inneren Kräfte und Ihren Vorsatz, Ihre Ziele zu erreichen, zu stärken, schreiben Sie mindestens eine Affirmation und eine Eigenschaft des Selbstbildes, welches Sie anstreben, auf.

Berufliche Ziele:
- Meine Affirmation.
- Mein Selbstbild.

Finanzielle Ziele:
- Meine Affirmation.
- Mein Selbstbild.

Spirituelle Ziele:
- Meine Affirmation.
- Mein Selbstbild.

Körperbezogene Ziele:
- Meine Affirmation.
- Mein Selbstbild.

Geistige Ziele:
- Meine Affirmation.
- Mein Selbstbild.

Familiäre und soziale Ziele:
- Meine Affirmation.
- Mein Selbstbild.

Jeder von uns besitzt ein verborgenes Kräfte-Potential, eine Fähigkeit, die aktiviert werden kann. Wenn Sie nicht wissen, wo Ihr wahres Potential liegt, oder daran zweifeln, über ein solches Potential zu verfügen, sollten Sie tief in Ihr Inneres schauen. Sprechen Sie täglich eine Affirmation, und Sie werden Ihr Potential entdecken. Vielleicht finden Sie die folgende Affirmation hilfreich: »Ich bitte mein Höheres Selbst, sich in diesem Augenblick zu offenbaren und mir mein wahres Potential in diesem Leben zu zeigen.« In jedem von uns steckt ein starkes Verlangen, über sich hinauszuwachsen, und die Fähigkeiten, die in ihm stecken, zu entdecken.

Drei Schritte zum Erfolg*:
1. Finden Sie heraus, was Sie gern tun möchten, und verwirklichen Sie es. Wenn Sie nicht wissen, was Sie wirklich tun wollen, bitten Sie Ihr Unterbewußtsein um Führung. Affirmieren Sie: »Mein Höheres Selbst wir mir meinen wahren Platz im Leben offenbaren.« Wiederholen Sie diese Worte stets aufs neue, und es wird geschehen.
2. Spezialisieren Sie sich auf ein bestimmtes Gebiet, und bemühen Sie sich, darin besser zu sein als andere. Ob Sie Büros putzen oder Neurochirurg sind, seien Sie der/die Beste. Finden Sie die schnellste und beste Methode heraus, die Arbeit auszuführen, und Sie werden erfolgreich sein.
3. Stellen Sie sicher, daß die gewählte Tätigkeit nicht allein Ihrem persönlichen Erfolg dient. Ihr Wunsch darf nicht nur egoistisch, sondern muß zum Nutzen anderer Menschen sein.

Zu den aufregendsten Dingen des Lebens gehört, mehr über sich selbst herauszufinden. Da nur drei bis zehn Prozent des menschlichen Gehirns regelmäßig genutzt werden, ist da noch ein großes brachliegendes Potential vorhanden. Forschen Sie nach bisher unbekannten Fähigkeiten und Talenten, die Sie besitzen. Stellen Sie eine Liste der Dinge auf, die Sie schon immer tun woll-

---

* In Anlehnung an: Die Macht Ihres Unterbewußtseins von Dr. Joseph Murphy, a.a.O.

ten, fertigen Sie dann eine Liste Ihrer Fähigkeiten an, und bringen Sie beide Listen miteinander in Einklang.

Schöpfen Sie Ihr Potential aus

Es stellt sich immer wieder heraus, daß manche Menschen erst bemerkten, daß sie ungeahnte Fähigkeiten besitzen, wenn sie sich an neuen Aufgaben erprobten. Die Beispiele sind endlos:

● Die Frauen, die erfolgreiche Unternehmerinnen wurden, während oder nachdem sie Kinder großzogen.
● Männer, die auf erfolgreiche Berufskarrieren verzichteten und Geistliche wurden.
● Berufssportler, die den Sport aufgaben, um Komponisten zu werden.
● Großmütter, die freiwillige Sozialarbeit in den Slums leisteten.
● Nonnen, die ihre Klöster verließen, um sich politisch zu engagieren.
● Buchhalter, die sich in ihrer Freizeit schwierigen Jugendlichen widmeten.
● Computerprogrammierer, die asiatischen Einwanderern Lesen beibrachten und Grundwissen vermittelten.
● Senioren, die, nachdem sie in Pension gingen, sich voll und ganz in Bereichen engagierten, die nichts mit ihrem ehemaligen Beruf zu tun hatten.

In jedem von uns stecken wahrscheinlich mehr Fähigkeiten, als wir in einem Leben verwirklichen könnten, dennoch fürchten Sie sich nicht, alle Aspekte Ihres Potentials zu entdecken, und bewahren Sie stets eine positive Einstellung. Geben Sie nicht schon auf, bevor Sie überhaupt begonnen haben, weil Sie meinen, Sie würden ohnehin versagen. Schließen Sie keine unangebrachten Kompromisse, indem Sie sich vielleicht vormachen, Ihr Leben sei ja im großen und ganzen recht angenehm und deshalb bestünde wirklich keine Notwendigkeit, Ihre gegenwärtige Sicherheit und Ihren Seelenfrieden für etwas Unversuchtes oder Unbekanntes aufs Spiel zu setzen. Menschen, die nicht wagen, leben nicht wirklich. Sie mögen vielleicht atmen, doch sie wissen nicht, was erfülltes Leben sein kann.

Manchmal reicht ein Wunsch, den Sie in sich verspüren, schon aus, um mit seiner Verwirklichung zu beginnen. Sollten Sie den Wunsch verspüren zu schreiben, so setzen Sie sich nieder und schreiben Sie – jeden Tag um die gleiche Zeit – fünfzehn Minuten lang etwas auf. Schreiben Sie, was immer Ihnen einfällt, und lassen Sie Ihren Gedanken freien Lauf. Und später nehmen Sie vielleicht einmal Unterricht in kreativer Schriftstellerei.

Sollten Sie den Wunsch verspüren zu malen, es sich bisher aber nicht zugetraut haben, dann kaufen Sie sich einige Pinsel und Ratgeber-Bücher über Malerei, oder nehmen Sie Unterricht. Sie werden erstaunt sein, welche Werke Sie zustande bringen können. Wenn Sie gern singen würden, tanzen oder ein Instrument spielen, so setzen Sie den Wunsch in die Tat um. Arbeiten Sie gern mit den Händen, versuchen Sie es mit Tischlern, Nähen, Häkeln, Holzschnitten, Modellieren und vieles mehr. Unter Ihren Händen kann ein Kunstwerk entstehen.

War es Ihnen ein Anliegen, Ihre Kinder auf die Höhere Schule zu schicken, haben aber selbst, aus welchen Gründen immer, keine Höhere Schule besuchen können, dann wählen Sie einen Kurs, zum Beispiel bei der Volkshochschule, aus, der Sie interessiert, und melden Sie sich an. Wollten Sie sich schon immer stärker in der Gemeindearbeit engagieren, dann besuchen Sie die öffentlichen Sitzungen des Gemeinderates. Wenn Sie sich schon immer selbständig machen wollten, so beginnen Sie noch heute damit, entsprechende Informationen einzuholen.

Alter ist kein Hindernis, wenn Sie den Wunsch verspüren, Ihr Leben um eine neue Dimension zu bereichern. Grandma Moses wurde im hohen Alter eine berühmte Künstlerin. Cesar Frank komponierte seine erste Symphonie mit siebenundachtzig Jahren. Bernarr McFadden bereiste vierundachtzigjährig Europa und bewies, als er mit einem Fallschirm über dem Meer absprang, daß ein höheres Alter keine Grenzen kennen muß.

George Bernhard Shaw schrieb noch immer, nachdem er die Neunzig bereits überschritten hatte. Mit siebenundachtzig Jahren veröffentlichte Helen Hooven Santmyer ihren Roman *...und die Damen des Klubs,* der ein Bestseller wurde. Welches Geheimnis war allen diesen Männern und Frauen gemein? Sie besaßen Lebensfreude und Begeisterungsfähigkeit. Sie fürchteten sich nicht, ihre Talente zu entwickeln.

Vor Jahren verkündete eine Schlagzeile, die lautete: »›Männer in Hildegardes Alter sind zu alt für sie‹, das behauptet die alte Dame«. Der Artikel berichtete von der damals vierundsiebzigjährigen Sängerin als einer Frau, die jung denkt und absolute Disziplin einhält, um schlank zu bleiben. Hildegarde litt weder unter hohem Blutdruck noch Korpulenz oder anderen körperlichen Beschwerden.

»Sprechen Sie bloß nicht von ›älterer Dame‹, wenn Sie über mich schreiben«, tadelte sie sanft. »Ich weiß, daß ich das bin, aber ich akzeptiere es nicht im herkömmlichen Sinne. Ich will mich einfach nicht gehenlassen. Der Geist bestimmt den Intellekt. Der Mensch kann alles sein, was er sein möchte. Darin liegt die Macht des Geistes über die Materie. Und ich denke jung« war ihre Maxime.

Aus Hildgarde spricht gesundes Selbstvertrauen. Ihre Selbstachtung ist hoch und hat ihr während fünfzig Jahren Showgeschäft Erfolg beschert. Sie hat ihr Leben durch ihre positive Einstellung gemeistert und dadurch Schwierigkeiten stets überwunden.

Ihre grenzenlose Vorstellungskraft

Die Imagination oder Vorstellungskraft ist eine Kraft, die das Schicksal unserer Welt und Ihr persönliches Schicksal geformt hat. Eine schöpferische Vorstellungskraft hilft Ihnen dabei, Ihr Potential als Mensch zu verwirklichen, und Ihre Arbeit und Ihr tägliches Leben erfolgreich zu meistern. Sie werden bemerken, daß Sie neuen Ideen offener gegenüberstehen und Aufgaben schöpferischer bewältigen, wenn Sie Ihre Vorstellungskraft nutzen. Sie werden nicht länger in der Routine des täglichen Lebens verhaftet bleiben. Ihr schöpferisches, imaginatives Selbst wird mit dem bisherigen Lauf der Dinge nicht zufrieden sein. Sie werden neue Möglichkeiten und neue Wege zur Lösung Ihrer Probleme finden und sie aus anderen Blickwinkeln betrachten.

Auch wenn einige imaginativ höchst begabte Menschen wie Shakespeare, Bach und Dickens offenbar unter sehr starkem seelischem Druck arbeiteten, so haben doch die meisten schöpferischen Genies ihre größten Werke in einem Zustand der Entspannung geschaffen, indem sie die Macht ihres Unterbewußtseins nutzten. Thomas A. Edison gönnte sich beispielsweise tagsüber immer Phasen der Ruhe, doch die Zahl seiner Erfindungen trug ihm den Namen ›Zauberer von Menlo Park‹ ein. Wolfgang Amadeus Mozart spielte zur Entspannung Billard, und dabei fielen ihm viele seiner schönsten Melodien ein. James Watt entdeckte das Geheimnis der Dampfkraft, während er scheinbar untätig einen Wasserkessel beobachtete. Sir Isaac Newton schlenderte eines Tages durch seinen Garten, sah wie ein Apfel vom Baum fiel und erkannte das Gravitationsgesetz. Marie Curie entdeckte das Radium, während sie an einem anderen Versuch arbeitete. Täglich lesen wir von Menschen, die mit Hilfe ihrer Vorstellungskraft Lösungen für scheinbar unlösbare Probleme finden. Wer will angesichts solcher Leistungen noch an der Macht des Unterbewußtseins zweifeln?

Nutzen Sie Selbsterkenntnis, Selbstdiziplin und die schöpferische Kraft der Imagination, um Ihr verborgenes Potential zu entdecken und Ihr Schicksal zu meistern. Imagination darf aber nicht mit Einbildungskraft verwechselt werden, die eine rein eindimensionale Erscheinungsform ist. Bei der Imagination ist es erforderlich, daß Sie – wenn Sie einen Entschluß gefaßt haben – das als wahr akzeptieren, was Sie imaginiert haben. Sie müssen intensiv an Ihre eigenen Kräfte glauben. Nehmen wir beispielsweise an, Sie setzen Ihre Vorstellungskraft ein, um so viel Geld zu visualisieren, um Ihre Rechnungen bezahlen und sich eine Reihe von Wünschen erfüllen zu können, gleichzeitig fürchten Sie aber, daß so viel Geld Ihren Charakter verdirbt, und der Mensch, den Sie lieben, es nur auf Ihr Geld abgesehen hat. Diese

Denkungsart ist Einbildung. Sie glauben nicht an das, was Sie visualisieren.

Üben und stärken Sie Ihre Imagination, damit Sie das, was Sie affirmieren, tatsächlich auch *spüren* und *sehen* können. Die Fähigkeit zu visualisieren und sich selbst positiv einzustimmen, bezeichnet man auch als *Autosuggestion* der Selbsthypnose. Autosuggestion kann die Gesamtheit Ihrer Person steuern. Sie kann für Sie arbeiten, aber ebenso auch gegen Sie. Wenn Sie sich selbst »sehen«, wie Sie Hindernisse überwinden, so wird dies geschehen. Imaginieren Sie sich andererseits als geborenen Verlierer, so ist Ihnen der Mißerfolg sicher. Sollten Sie feststellen, daß Affirmation und Visualisation nicht für Sie arbeiten, überprüfen Sie Ihre geistigen Bilder, und sondern Sie negative Vorstellungen aus. Dann werden sich Ihre Wünsche in Ihrem Leben realisieren.

Meine eigene Flucht vor meinem unausgeschöpften Potential

Ich glaube daran, daß jeder Mensch mit einer besonderen Aufgabe in diese Welt geboren wurde. In unserer Jugend verspüren wir tief in unserem Innern eine Berufung, und einige von uns nehmen dieses Geschenk des Höchsten Geistes an, andere nicht. Man kann sich zum Geistlichen, Arzt, Maurer, Gärtner, Schriftsteller, Dichter, Sänger und Künstler, zur Mutter oder zum Vater berufen fühlen. Viele von uns geben aber vor, nie eine Berufung vernommen zu haben. Auch ich war lange Zeit meines Lebens verschlossen, doch mein Höheres Selbst gab nicht auf.

Meine Geschichte beginnt im Hause meiner Großmutter, das auf einem Hügel in West Virginia lag. Wir lebten in einer Stadt, die so klein war, daß auf der einen Seite des Ortsschildes »Willkommen in Hurricane« stand und auf der anderen »Sie verlassen Hurricane«. Nachdem mein Vater die Familie im Stich gelassen hatte, blieben meine Schwestern und ich bei meiner Großmutter, während meine Mutter in Cincinnati in Ohio eine Arbeit fand und für uns eine Wohnung einrichtete.

Zurückblickend verstehe ich, daß meine schwere Jugend die Voraussetzung für die Erfüllung meiner Mission war. Der

Grundstein für mein heutiges Leben wurde gelegt, als jenes kleine einsame Herz auf einem Berggipfel in West Virginia nach Gott rief und ihn anflehte, mit ihm zu sein. Gott wußte, daß der wahre Wunsch jenes einsamen Herzens ein Aufschrei aus tiefster Seele war, daß sein Geist es nie verlassen möge. Das war das Gebet, das er erhörte.

Während ich heranwuchs, meldeten sich die ersten vagen Vermutungen in meinem ruhelosen Geist, daß mich mein Höheres Selbst vielleicht eines Tage rufen würde, um anderen zu helfen. Als ich zum erstenmal darüber nachdachte, war ich verblüfft, doch mit dem Älterwerden stellte ich mich dann gegen den Ruf meines Höheren Selbst taub. Zwar zog es mich auf der Suche nach Antworten auf diese Aufforderung, die ich in mir fühlte, von Kirche zu Kirche, doch gleichzeitig war ich entschlossen jene Gefühle zu ersticken, die da sagten: »Du wirst dienen.«

Ich lief vor dem Ruf meines Höheren Selbst davon und machte meine eigenen Pläne. Während jener Jahre geriet ich in immer tiefere Verwirrungen, mit denen ich auf meinem sorgfältig geplanten Weg zum Erfolg nicht gerechnet hatte. Ich versuchte eigene Regeln aufzustellen, doch sie versagten. Ich wollte niemandem – schon gar nicht mir selbst – gegenüber zugeben, daß ich verwirrt war, doch immer wieder beschlich mich der Verdacht, daß das, was ich wirklich wollte, genau das war, wogegen ich mich wehrte.

Ich heiratete und bekam Kinder. Gott ließ mich nicht allein. Er ließ zu, daß ich meinen Weg nach eigenen Vorstellungen beschritt. Wie jeder Vater, der sein Kind wirklich liebt, hielt er sich im Hintergrund, beobachtete und wartete ab. Ich schritt weiter in meinem Licht, nicht in seinem. Mein Leben wurde immer stärker von Verwirrung und Widersprüchen erfüllt. In den Jahren, in denen ich meine drei Kinder großzog und geschieden wurde, erlebte ich nur kurze Augenblicke des Glücks. Während ich in Beruf und Freizeit mit jenen Umgang pflegte, die ich zu bewundern meinte, sah ich selten ein wirklich glückliches Gesicht.

Dieser Zeit der Leere folgte die Pein der Arthritis. Welche Behandlungsmethode ich auch versuchte, die Schmerzen blieben.

Doch ich ließ es mir nicht träumen, daß ich während dieser schrecklichen Krankheit auf der Schwelle zu einer transformierenden Erfahrung stand, die die Träume meiner Kindheit erfüllen sollte.

Meine Träume werden Wirklichkeit

In Dr. Murphys Buch *Die Macht Ihres Unterbewußtseins* erfuhr ich ein Geheimnis, das nicht nur meine eigene rastlose Seele rettete, sondern auch Millionen anderen Menschen geholfen hat, die sich nach innerem Frieden sehnen. Während ich dieses Buch las, wurde mir klar, daß ich in einer äußeren Welt gelebt hatte und meine Aufmerksamkeit stärker auf meine innere Welt richten mußte, um in meinem Leben Krankheit und Schmerz zu besiegen. (Im ersten Kapitel habe ich meine Genesung und den Beginn meiner Mission beschrieben).

Als ich meine Gesundheit wiedererlangte, begann sich in mir auch jener kleine Funken wieder bemerkbar zu machen, den ich schon als Kind gespürt hatte: Gott verfolgt mit mir eine bestimmte Absicht und hat ganz tief in mein Inneres etwas eingepflanzt, dem ich bislang keine Chance zur Entwicklung gegeben hatte. Die Worte aus Paulus' zweitem Brief an die Korinther bekamen nun Sinn: »Wenn also jemand in Christus ist, dann ist er eine neue Schöpfung. Das Alte ist vergangen, Neues ist geworden.« Die Bibelworte wurden zu Boten meiner Seele, während ich die Wahrheit in mir und dem Universum zu erkennen begann.

Die Wahrheit offenbart sich, wenn sich die Seele schließlich dem Glauben an das Höhere Selbst hingibt. Da schafft die Macht, die für kein menschliches Auge sichtbar ist, ein neues Wesen nach dem Abbild des Höchsten Geistes. Niemand sieht den Höchsten Geist, doch das Wunder ist real. Heute weiß ich, daß ich die Verpflichtung habe, die Wahrheit mit anderen zu teilen, eine Kraft zu teilen, die ihnen die Freiheit schenkt.

Wenn Sie jene Stimme hören und beschließen, diesem Ruf zu folgen, wie können Sie dann sicher sein, daß Ihre Entscheidung im

Einklang mit dem Willen Ihres Höheren Selbst steht? Ist Ihre Entscheidung von Liebe und Güte erfüllt, so ist sie der Wille des Höchsten Geistes. Ist Ihre Entscheidung egoistisch, oder fügt sie einem anderen Menschen Schaden zu, so liegt sie nicht im Willen des Höchsten Geistes. Manchmal werden Sie zu einer Arbeit berufen, die Ihnen undurchführbar erscheint. In diesem Fall können Sie *absolut* sicher sein, daß es der Wille des Höchsten Geistes ist, weil Sie sie allein gar nicht schaffen könnten. Dann wird, um es mit Dr. Robert Schuller zu sagen, eine *un*mögliche Vorstellung zu einer *möglichen* Vorstellung.

Ein sehr lieber Freund erzählte mir einmal, er habe in seiner Jugend immer Arzt werden wollen. Doch er besuchte die Universität und studierte im Hauptfach Betriebswirtschaft. Anschließend dachte er wieder daran, den Arztberuf zu ergreifen, meinte aber, daß die Ausbildung zu lange dauern würde. Und dann wurde er zum Priester berufen, und heute arbeitet er als geistlicher Heiler. Jetzt ist er Arzt für Geist, Gemüt und Seele – und vielleicht ein größerer Arzt, als er es als Mediziner je geworden wäre.

Nach der Lektüre diese Kapitels setzen Sie sich nun einige Ziele für Ihr Leben, und eines Ihrer Ziele sollte sein, Ihr verborgenes Potential zu entdecken und zu nutzen. Lassen Sie sich nicht durch finanzielle Sorgen, Alter oder Versagensängste davon abhalten, Ihre Fähigkeiten zu entwickeln – sind Sie wirklich dazu bereit, dann zeigt Ihnen Ihr Höheres Selbst den Weg. Wenn Sie Ihr Potential nutzen, werden Sie sich als ein ganzheitlicher Mensch und im Einklang mit Ihrem Leben und Höheren Selbst fühlen.

Im folgenden Kapitel geht es nun darum, wie man sich von allen Frustrationen, Erinnerungen, Enttäuschungen und Sorgen des Lebens lösen kann – wie man losläßt, damit der Höchste Geist wirken kann. Denn alle diese Lasten aus der Vergangenheit können Ihren Seelenfrieden vernichten und Ihre Suche nach Ihrem Potential behindern.

Sechstes Kapitel

Lassen Sie los
und den Höchsten Geist wirken

Hiob, jener untadelige und rechtschaffene Mann des Alten Testaments, wird vermutlich nie etwas von der Existenz des Unterbewußtseins gehört haben, und dennoch warf er eine Frage auf, die die Macht von negativen geistigen Bildern erhellt, als er sagte: »Kann denn ein Reiner von Unreinem kommen?« Und von Erkenntnis durchdrungen, antwortete er: »Nicht ein einziger.« Tief in unserem Unterbewußtsein sind negative Neigungen und Einstellungen, Ängste und Unsicherheiten begraben, die wie Schaum an der Oberfläche schwimmen. Und bevor Sie sich nicht von allen negativen geistigen Bildern in Ihrem Leben lösen, die Ihre Kraft lähmen und Sie daran hindern, Ihr Potential zu verwirklichen, werden Sie weiterhin verwirrt und frustriert sein. Am Ende dieses Kapitels beschreibe ich deshalb einige Techniken, um Ihnen zu zeigen, wie Sie loslassen können, um die negativen Winkel Ihres Geistes zu reinigen.

Lösen Sie sich von negativer Programmierung

Der Psychologe William James, der Mitte des neunzehnten Jahrhunderts lebte, sagte einmal, die größte Entdeckung seiner Generation sei, daß der Mensch durch den Wandel seiner geistigen Einstellung sein Leben verändern könne. Denken Sie einmal darüber nach, und Sie werden erkennen, daß Sie die Verantwortung für Ihr Schicksal selbst tragen... Sie und niemand sonst. Liegt Ihr Schicksal in guten Händen? Nehmen Sie sich Zeit, und betrachten Sie Ihr Leben. Wäre es möglich, daß Sie keinen Erfolg hatten, weil Sie dem Leben nicht sehr positiv gegenüberstanden? Wir sind schnell bei der Hand, anderen Menschen die Schuld daran zu geben: »Das liegt an meinen Eltern, an der Art und Weise, wie sie mich erzogen haben« – »Es liegt daran, wie meine Lehrer mich behandelten« – »Mein Mann hat mich nie anerkannt« oder »Meine Frau hat mich nicht genug geliebt.«

Ich erinnere mich, daß auch ich die Schuld daran, wie es mir im Leben erging, anderen zuwies. Wenn ich heute in meiner Beratung eine Frau sagen höre: »Mein Mann ist schuld, daß ich krank bin«, bemühe ich mich, sie soweit zu bringen, die volle Verantwortung für ihre Krankheit zu übernehmen. Es ist ihr Geist, der ihre Krankheit verursacht. Sie muß dahinkommen, das wirkliche Problem erkennen zu können.

Vor Jahren einmal faßte Walt Kelleys Zeichentrickfigur Pogo unsere Lebenssituation so zusammen: »Wir sind auf den Feind gestoßen und haben uns selbst getroffen.« Wenn Sie eingesehen haben, daß Sie sich selbst durch negative Einstellung Ihr ärgster Feind sein können, wird sich Ihr Leben zu wandeln beginnen. Prüfen Sie sich selbst!

- Befürchten Sie ständig, daß ja doch alles schiefgehen wird?
- Begegnen Sie den guten Absichten anderer mit Mißtrauen?
- Kritisieren Sie häufiger als Sie loben?
- Sind Sie gegenüber den meisten Menschen abweisend und rücksichtslos?

Falls Sie diese negativen Züge an sich erkennen, so arbeiten Sie an Ihrer negativen Einstellung. Beachten Sie, daß ich nicht sagte, Sie sollten sich schuldig fühlen. Das wäre verschwendete Energie. Sie sollen sich nur vornehmen, an Ihrer negativen Haltung zu arbeiten.

Seit der Kindheit sind den meisten von uns negative Suggestionen eingegeben worden, die unser Unterbewußtsein aufgenommen hat:

- Das kannst du nicht.
- Das darfst du nicht.
- Du wirst versagen.

- Du bist im Unrecht.
- Es hat keinen Zweck.
- Du hast keine Chance.
- Aus dir wird nie etwas.
- Es zählt nicht, was du weißt, sondern wen du kennst.
- Die Welt steuert auf den Untergang zu.
- Es hat ohnehin alles keinen Zweck, es kümmert ja niemanden.
- Du bist jetzt zu alt, um einen neuen Anfang zu wagen.
- Es wird alles nur immer schlimmer.
- Es gibt keine Liebe unter den Menschen.
- Du kannst keiner Menschenseele trauen.
- Egal, wie du es machst, es wird nicht klappen.
- Das darf man nicht tun.

Wie viele dieser Sätze kommen Ihnen bekannt vor? Geben Sie ihnen ab sofort keine Chance mehr. Erkennen Sie sie einfach nicht an. Wenn Sie sich in einer negativen Umgebung aufhalten, die durch Pessimismus und das Mißtrauen anderer geprägt ist, affirmieren Sie bewußt: »Durch die Macht meines Unterbewußtseins ist mir alles möglich.« Oder Sie verwenden eine der anderen Affirmationen im neunten Kapitel, um Ihren Geist mit positiven Gedanken zu erfüllen.

Lösen Sie sich von negativen Einstellungen

Wenn Sie sich in Ihrem Leben einmal von diesen negativen Bestimmungen gelöst haben, bemühen Sie sich, einen Rückfall in die alten Mechanismen zu vermeiden. Ihr Höheres Selbst fordert nicht, daß Sie einen vollkommenen Charakter besitzen. (Stellen Sie sich vor, wie schwierig es wäre in dieser unvollkommenen Welt zu leben, würde Ihr Höheres Selbst Vollkommenheit verlangen!) Dennoch fordert ihr Höheres Selbst, daß Sie nach Vollkommenheit *streben*. Um Vollkommenheit anzustreben, dürfen Sie sich nicht mit negativen Gedanken beschäftigen, denn sonst lassen Sie zu, daß sich dieser Gedanke in Ihrem Unterbewußtsein verankert. Und innerhalb kürzester Zeit würde sich dieser Gedanke auch in Ihrem Körper manifestieren.

Wenn Sie das nächste Mal frösteln oder zu niesen beginnen, dann steigern Sie sich nicht gedanklich hinein, indem Sie denken: »Ich wette, aus dieser Erkältung wird noch eine Bronchitis« oder »Wahrscheinlich bekomme ich eine Lungenentzündung.« Diese Denkweise ist negative Programmierung aus alter Gewohnheit, die der Vergangenheit angehört. Kontrollieren Sie Ihren Geist und weisen Sie die Vorstellung, daß Sie krank werden können, von sich. Vertreiben Sie den Gedanken augenblicklich aus Ihrem Bewußtsein, indem Sie in diesem Augenblick Ihr Höheres Selbst anrufen. Beschließen Sie, daß durch Ihr Höheres Selbst alles möglich ist und Sie diese Krankheit nicht »brauchen«.

Sind Sie jemals erwacht und fühlten sich krank, sagten sich aber, Sie müßten arbeiten und könnten sich keine Krankheit leisten, und im Verlauf des Tages fühlten Sie sich dann viel besser? An einem anderen Morgen drängte Ihre Arbeit vielleicht weniger, und Sie wachten auf und gaben der Krankheit nach. Wie oft haben Sie schon jemanden darüber klagen hören, wie schlecht es ihm ergeht (etwa, daß er eine Grippe bekäme oder ein neues Medikament einnehmen müßte, welches ohnehin nicht hilft)? In diesem Fall ist es wahrscheinlich, daß der Betreffende tatsächlich die Grippe bekommt und das Medikament in der Tat nicht wirkt. Angenommen, Sie lassen sich beim Arzt Ihren gebrochenen Arm in Gips legen und denken: »Es wird ewig dauern, bis der Arm heilt!«, dann würde der Arm zur Heilung länger als sonst brauchen. Alles, was in Ihren Gedanken Realität ist, wird zweiundsiebzig Stunden später in Ihrem Leben Wirklichkeit. Nennen Sie Ihre Beschwerden und Krankheitssymptome nicht beim Namen, denn Sie schenken ihnen dadurch im Unterbewußtsein Glauben. Und Ihr Unterbewußtsein ist stets willig, Ihnen das zu geben, worum Sie bitten.

Vor Jahren verunglückte mein Sohn mit einer Geländemaschine und zog sich dabei eine klaffende Wunde am Bein zu. Natürlich war es mein Wunsch, sein Unterbewußtsein mit heilenden Gedanken zu stärken, doch er wollte nichts davon hören. Wir gingen zum Arzt, und im Wartezimmer sagte Steve immer wieder Dinge wie: »Es ist sicher schlimmer, als du glaubst, Mom. Wahrscheinlich muß ich ins Krankenhaus, und sie werden mein Bein operieren.« Ich antwortete: »Steve, sag so etwas nicht, es besteht überhaupt kein Anlaß, sich Sorgen zu machen!«, während ich inbrünstig wünschte, daß mein Sohn nicht meine Sturheit geerbt hatte. Zwei Tage, nachdem die Wunde vom Arzt genäht worden war, entzündete sie sich so stark, daß wir ihn ins Krankenhaus bringen mußten. Seine negative Haltung hatte sich in nur zweiundsiebzig Stunden realisiert.

Falls Sie möchten, daß Ihr Unterbewußtsein Geld anzieht, vermeiden Sie negative Bemerkungen wie: »Ich bin diesen Monat etwas knapp bei Kasse« – »Ich werde diese vielen Rechnungen nie bezahlen können« – »Sie werden mein neues Auto wieder abholen, wenn ich nicht sofort eine Rate bezahle.« Ein »bißchen« knapp bei Kasse zu sein, ist nicht anders, als wenn man ein »bißchen« krank ist. Ihr Unterbewußtsein wird dafür sorgen, daß sich dieser Zustand verschlimmert, denn es muß die Situationen realisieren, die Sie ihm schildern. Wenn Sie sich über jene, die reicher sind als Sie, abfällig äußern, wird Ihr Unterbewußtsein konsequenterweise zu der Überzeugung kommen, daß Sie selbst nicht reich sein möchten. Betrachten Sie Geld als schmutzig oder schlecht, wird Ihr Unterbewußtsein dem folgen. Und weil Sie nicht anziehen können, was Sie kritisieren, brauchen Sie sich keine Sorgen zu machen, daß Ihnen »schmutziges« Geld in die Hände kommt. Haben Sie die Angewohnheit zu sagen oder zu denken »Das kann ich mir nicht leisten«, sollten Sie – selbst wenn es manchmal stimmt – mit dieser Gewohnheit brechen. Sagen Sie statt dessen mit aller Überzeugung, die Sie aufbringen können: »Ich werde es kaufen, im Geiste gehört es mir«, dann werden Sie es später auch bekommen. Gefällt Ihnen Ihre Arbeit nicht, dann denken Sie nicht: »Ich hasse meine Arbeit«, sondern »Meine Arbeit ist genau richtig für mich, und ich bin genau richtig für meine Arbeit.« Diese Worte sollten Sie täglich affirmieren – ebenso oft, wie Sie sich heute sagen, daß Ihre Arbeit schrecklich sei. Schließlich werden Sie aufgrund dieser Affirmation tatsächlich die ideale Arbeit finden, oder die Situation an Ihrem Arbeitsplatz wird sich so wandeln, daß Ihre Arbeit *wirklich* ideal für Sie ist. Darüber hinaus sollten Sie affirmieren: »Durch die Macht meines Unterbewußtseins ist mir alles möglich.« Was Sie auch tun, geben Sie negativen Gedanken keinen Raum.

Sie ziehen Armut an, wenn Sie mit ihr rechnen. Fürchten Sie sich vor Krebs, werden Sie Krebs anziehen. Wenn Sie erwarten zu versagen, werden Sie versagen. Denken Sie daran, daß Ihr Unterbewußtsein nicht darüber urteilt, was gut und richtig für Sie ist. Es führt einfach Befehle aus und versucht, Ihre Ansichten zu bestätigen.

Sie müssen nicht unbedingt über Geschwüre nachdenken, um ein Magengeschwür zu bekommen, doch wenn Sie sich mit unheilvollen Gedanken tragen wie Sorgen, Groll, Haß und Feindseligkeit, wird Negatives eintreten. Erinnern Sie sich, daß Ihr Körper Ihre geistigen Bilder manifestiert. Wenn Sie sich Glück und Erfolg wünschen, so richten Sie Ihre Affirmationen auf Glück und Erfolg, und sie werden Ihnen gewiß sein. Sagen Sie hingegen: »Ich bin ein Pechvogel« oder »Ich habe ohnehin immer Pech«, wird Ihr Unterbewußtsein Ihre Befehle ausführen und Ihnen im Leben alle nur möglichen Schwierigkeiten bereiten. Brechen Sie sich ein Bein und verkünden dann: »Das war nur der Anfang, aller guten Dinge sind drei«, dann wird ganz sicher ein zweites Unglück eintreten, und eine dritte Katastrophe wird nicht lange auf sich warten lassen. Sind Sie einmal in dieses Denkmuster verfallen, wird Ihr Unterbewußtsein stets dafür Sorge tragen, daß sich Ihre Behauptung bewahrheitet.

Wenn Sie meinen, den Belastungen des Lebens nicht gewachsen zu sein, und eine Enttäuschung auf die andere folgt, können Sie den Zustand nur ändern, indem Sie eine neue, positive Haltung annehmen, die bald positive Wirkung zeigen wird. Durch Ihr Höheres Selbst wurde Ihnen die Herrschaft über Ihr Schicksal in die Hand gegeben. Verfallen Sie nicht dem Trugschluß, das Leben würde Sie ablehnen, erkennen Sie, daß Sie sich selbst ablehnen. Wenn das nicht eintritt, was Sie möchten, dann liegt dies nicht daran, daß Sie keinen Anspruch darauf hätten. Ihr Höheres Selbst möchte, daß Sie alles bekomen, was Sie mit *Überzeugung* beanspruchen. Ihr Erfolg und Ihr Glück hängen in erster Linie von jenem verborgenen Potential in Ihnen ab, weil es Ihnen eine größere Selbstachtung verleihen wird. Sobald Sie merken, daß Sie jeden Tag etwas Positives erreichen, werden Sie auf »Erfolgskurs« gehen und in eine Richtung gelenkt, in der erfolgreich zu sein ein fester Bestandteil in Ihrem Leben wird.

Lösen Sie sich von den alten Vorstellungen, daß es keine Wunder gibt, Sie wertlos sind und Sie kein Recht haben, Glück, Erfolg und Zufriedenheit zu erleben. Die Unendliche Intelligenz hat uns die Herrschaft über ihr Reich und uns selbst verliehen. Haben Sie den Mut, diese Herrschaft zu beanspruchen, dann entwickelt sich Ihr Höheres Selbst in Ihnen zu einer lebensbestimmenden Kraft. Wurde beispielsweise in einem Haus ein Stromanschluß gelegt, wird es im gleichen Maße erhellt, wie seine Quelle Energie spendet. Und auch Sie werden erleuchtet, wenn Sie Ihren »Anschluß« an Ihr Höheres Selbst fordern. Merzen Sie tiefwurzelnde Zweifel in Ihnen aus, erkennen Sie, daß Sie ein Recht auf die Kraft in Ihrem Innern haben. Wenn Sie lernen, diese Kraft zu entwickeln, werden Sie zu einem neuen Bewußtsein gelangen. Dieses Bewußtsein befreit Sie von den Zwängen einer negativen Einstellung. Statt versklavt, werden Sie frei sein, um zu lieben, anderen zu helfen und selbst Gutes zu erfahren.

Erlauben Sie Ihrem Geist nicht, an negativen Mustern aus der Vergangenheit festzuhalten. Grübeln Sie nicht länger darüber nach, wie entsetzlich es ist, daß Sie in eine Familie geboren wurden, die Sie nicht liebte, oder Sie vielleicht bislang mehr Enttäuschungen als Gutes erlebt haben. William Shakespeare läßt es Hamlet aussprechen: »An sich ist etwas weder gut noch böse; das Denken macht es erst dazu.« Wenden Sie die in diesem Kapitel beschriebenen Techniken des Loslassens an, um Ihr Bewußtsein von allen negativen Erinnerungen aus der Vergangenheit zu befreien. Klammern Sie sich nicht daran. Die Gedanken, mit denen Sie sich heute beschäftigen, werden morgen Ihr Schicksal bestimmen.

Während Sie lernen, die Verantwortung für Ihr Denken zu übernehmen, wappnen Sie sich gegen jene negativen Gedanken, die durch Veränderungen in Ihrem täglichen Leben ausgelöst werden können. Angenommen, es erreicht Sie die Nachricht von einem Unglück, beispielsweise von dem Tod ihrer Lieblingstante, dann dürfen Sie sich nicht immer wieder mit diesem unglücklichen Ereignis beschäftigen, weil Sie sich sonst leicht dem Selbstmitleid hingeben und Ihr Unterbewußtsein an diese traurige Situation gefesselt wird. Lassen Sie deshalb nicht zu, daß Ihr Geist dabei verharrt. Ändern Sie Ihre Einstellung gegenüber dem Tod als etwas Endgültigem. Empfinden Sie statt Trauer über den Verlust Freude an ihrer Wiederauferstehung, so daß Sie vielleicht sogar spirituell davon profitieren.

Lösen Sie sich von allem Ballast der Vergangenheit, um Raum für das Neue zu schaffen. Ich stellte in meinem Leben immer folgendes fest: Wenn ich etwas unbedingt haben wollte, bekam ich es, nachdem ich mich von ähnlichen Dingen, die ich nicht wirklich brauchte, gedanklich getrennt hatte, und auf diese Weise Raum für das Neue schuf. Angenommen, Sie haben einen ganzen Schrank voll alter Kleider, die Sie gern durch neue ersetzen würden, schaffen Sie Raum für das Neue. Geben Sie Ihren alten Besitz weg, und Sie werden mit etwas Neuem überrascht, das das, was Sie weggegeben haben, ersetzt. Lernen Sie, für das Raum zu schaffen, was Sie sich wünschen. Schauen Sie sich in Ihrem Heim um, wählen Sie Dinge aus, derer Sie überdrüssig sind, und geben Sie sie nach und nach weg; lösen Sie sich auch innerlich von ihnen.

Lassen Sie von jenen los, die Sie lieben

Zu den vielleicht bittersten Lektionen, die ich als Mutter zu lernen hatte, gehörte, meine Kinder in ihre Selbständigkeit freizugeben. Ich wollte ihnen so vieles mitgeben und glaubte die richtigen Antworten auf ihre Fragen zu haben, doch allmählich begann ich festzustellen, daß sie selbst die für sie richtigen Antworten wußten. Sie hielten mir entgegen, was auch ich zu meiner

Mutter gesagt hatte: »Das möchte ich selbst machen. Ich möchte auf eigenen Füßen stehen.« Doch ich erinnerte mich an die Lektion, die ich gelernt hatte, und ließ sie frei, damit sie die Erfahrungen sammeln konnten, die sie machen mußten. Es war nicht leicht loszulassen, damit der Höchste Geist in ihnen walten konnte. Ich mußte mir ständig ins Bewußtsein rufen, daß das Höhere Selbst manchmal seine Zeit braucht, um wirksam zu werden.

Wenn Kinder Ihnen Kummer bereitet haben, Berater und Psychologen nicht helfen konnten und Sie schließlich erkennen, daß auch Sie nichts tun können, um Ihren Kindern zu helfen, so lassen Sie los und die Kraft des Höchsten Geistes wirken. Sie könnten Ihre Kinder und die Bewältigung ihrer Schwierigkeiten in keine besseren Hände legen. Statt zu versuchen, eine erdrückende Last zu tragen und einen Nervenzusammenbruch in Kauf zu nehmen, lösen Sie sich von Ihren Problemen, und lassen Sie los, damit der Höchste Geist tätig werden kann. Falls Sie Ihre Kinder möglichst lange bei sich behalten wollen, dann denken Sie daran, daß Kinder, die zu lange an ihre Eltern gebunden waren, nicht selten zu emotional unterentwickelten Erwachsenen heranwachsen, die nicht in der Lage sind, eigene Entscheidungen zu treffen.

So wie wir dazu neigen, Kinder zu lange an uns zu binden, klammern wir uns vielleicht auch an eine Beziehung, die nicht mehr intakt ist. Ralph Waldo Emerson beschreibt diese Situation folgendermaßen: »Wenn man eine Kette um den Hals eines Sklaven legt, dann legt sich das andere Ende von selbst um den eigenen.« Wenn Sie merken, daß sich ein Mensch nicht Ihrem guten Willen, Ihren Wünschen und Ihren Absichten beugen will, so kämpfen Sie nicht weiter darum, sondern beginnen Sie loszulassen. Der Betreffende, den Sie freigeben, kehrt vielleicht nicht in Ihr Leben zurück, doch andere Menschen werden in Ihr Leben treten und Sie weitaus mehr bereichern. Gehen Sie das Wagnis ein, und geben Sie den, den Sie lieben, von Ihren Zwängen frei... Sie werden dadurch selbst mehr Freiheit und Glück erlangen.

Manche Menschen haben eine sehr enge Bindung an ihre Eltern.

In den Augen dieser Kinder können die Eltern nichts falsch machen. Selbst wenn sie einmal verheiratet sind, eigene Kinder haben und eigene Geschäfte betreiben, bleiben sie Kinder, die die Anerkennung ihrer Mutter oder ihres Vaters brauchen. Diese »ewigen« Kinder ändern nichts in ihrem Leben, ohne nicht die Billigung ihrer Eltern einzuholen. Wenn die Eltern dann sterben, überkommt diese erwachsenen Kinder ein schreckliches Empfinden von Panik und Schuldgefühl.

Sollten Sie sich in dieser Beschreibung selbst wiedererkennen, müssen Sie loslassen und sich aus der besonderen Bindung an Ihre Mutter oder Ihren Vater lösen. Dies ist auch notwendig, wenn Ihre Eltern noch leben. Erkennen Sie, daß Sie als Mensch das Recht auf eigene Gedanken und Vorstellungen haben. Ihre Vorstellungen sind ebenso gut wie die Ihrer Eltern. Wenn Sie sich einmal von Ihren Eltern gelöst haben, werden Sie schließlich eine innere Freiheit erleben, die Sie noch nie zuvor empfunden haben.

Lösen Sie sich durch inneren Abstand

Es gab eine Zeit in meinem Leben, da konnte ich nur zu ganz wenigen Menschen »nein« sagen, und als ich mit meiner Beratungstätigkeit begann, meinte ich für jeden Menschen dasein zu müssen. Ich gab mein Geld, meine Zeit und meine Energie an sie, selbst wenn ich mich ausgelaugt und müde fühlte. Dann entdeckte ich eines Tages, daß die Unendliche Intelligenz uns nur eine bestimmte Anzahl Menschen zuteilt, um die wir uns kümmern sollen.

Gibt es in Ihrem Leben Menschen, denen Sie helfen wollen, die aber gar nicht hinhören? Dann haben Sie sich wahrscheinlich schon stundenlang ihre Probleme angehört und sie zu beraten versucht, obwohl es die Betreffenden gar nicht interessierte, was Sie dazu zu sagen hatten, denn sie wollten nichts anderes, als die Aufmerksamkeit eines anderen auf sich zu ziehen. Solche Menschen werden sich immer wieder an Sie wenden, aber nicht auf Ihre Worte hören. Sie werden Sie aufzehren, und deshalb müssen

Sie lernen, sich abzugrenzen. Vielleicht möchten Sie vielen Menschen helfen, doch Sie können nur mit wenigen verbunden sein. Zu allen anderen müssen Sie Abstand wahren. Hören Sie auf, es allen Leuten recht machen zu wollen – sagen Sie *nein*. Sagen Sie *nein* zu Menschen, die Ihre Zeit und Energie verschwenden. Menschen, die Kontakt zu Ihnen suchen, sind alle Teil des Höchsten Geistes, doch der Weg, den sie beschreiten, ist anders als der Ihre. Üben Sie Selbstdisziplin, damit Sie *nein* sagen können, wenn von Ihnen etwas verlangt wird, was gegen Ihre Intention verstößt. Und wenn Sie in einer solchen Situation *nein* sagen, werden Sie feststellen, daß wahre Freunde Ihnen deshalb nicht böse sind. Vielleicht sind sie im ersten Augenblick enttäuscht, aber sie werden immer noch Ihre Freunde sein. Falls Ihre Freunde aus diesem Grund morgen aber nicht mehr für Sie da sind, dann ist es wahrscheinlich, daß sie gar nicht in Ihr Leben gehörten. Vielleicht verhindern sie, daß Ihnen manch Gutes widerfährt, vor allem, wenn Sie von ihrer Seite weiterhin mit negativen Vorstellungen und Gedanken attackiert werden. Dann müssen Sie sich aus dieser Situation befreien. Hören Sie auf den Rat *Ihres* Höheren Selbst.

Sobald Sie sich von diesen Menschen und Lebensumständen freigemacht haben, bereichert sich Ihr Leben, und Ihr Denken wandelt sich. Jedesmal, wenn Sie sich von etwas lösen, werden Sie etwas Neues empfangen. Jede Veränderung bringt Neues mit sich. Können Sie Menschen helfen, so tun Sie dies, doch vermögen Sie Ihnen nicht zu helfen, dann geben Sie sie frei, und überlassen Sie die Hilfe dem Höchsten Geist.

Lösen Sie sich von Ihren Sorgen

Wann immer ich über den Höchsten Geist nachdenke, der dieses Universum erschuf, werde ich an die Saat eines Samens erinnert. Einige meiner glücklichsten Momente in meinem Leben erfuhr ich, als ich meine Kinder bei der Hand nahm und ihnen half, ihre Samen zu säen und bei der Entwicklung zu beobachten. Etwa eine Woche nach der Aussaat keimten sie und entfalteten die ersten Blätter. Dann erschienen immer mehr Blätter, und schließlich öffnete sich eine Blüte. Durch das Beobachten dieses Geschehens in der Natur kann man Kindern auf wunderbare Weise Achtung und Geduld lehren. Indem sie Pflanzen in ihrem Wachstum beobachten, lernen sie, daß auch der Mensch Zeit zur Entwicklung braucht, denn mit etwas Unterstützung von Ihrer Seite können Ihre Kinder diesen Vorgang auf ihr eigenes Leben übertragen. Der Höchste Geist erschuf die Erde auch in sechs Tagen nach seiner Zeitrechnung.

Falls Sie sich häufig Sorgen um die Zukunft machen, versuchen Sie daran zu denken, daß manche Ereignisse in Ihrem Leben einer unterschiedlich langen Entwicklungszeit bedürfen und sich in keiner Weise durch Ängste und Sorgen beeinflussen lassen. Der Höchste Geist hat alles geordnet und wird diese Ordnung nicht stören, denn jedes Ereignis ist in seinem Sinn für diese Ordnung festgelegt. Im Buch der Sprichwörter steht zu lesen: »Ein jegliches hat seine Zeit, und alles Vorhaben unter dem Himmel hat seine Stunde.« Verschwenden Sie keine Zeit und Energie damit, sich mit etwas zu belasten, was vielleicht nie eintreten wird. Wenn Sie sich über etwas Sorgen machen, ziehen Sie durch Ihre Sorgen dieses Problem erst an. Erinnern Sie sich immer wieder daran, daß alles in der Macht der Unendlichen Intelligenz liegt.

Viele Menschen unserer Zeit fürchten, daß die Welt vielleicht schon morgen in einem nuklearen Holocaust endet. Andere machen sich Sorgen, daß ihnen ständig irgend etwas Schreckliches zustoßen könnte. Die meisten Dinge, über die sich die Menschen Sorgen machen, treten nie ein. Denken Sie einmal darüber nach. Die Direktoren der Gesellschaften, die Unfall- und Brandversicherungen anbieten, haben jedenfalls daraus ihre Schlüsse gezogen. Statistiken beweisen, daß Katastrophen nicht so häufig vorkommen, wie die meisten Menschen glauben. Die Versicherungsgesellschaften jedenfalls hegen nicht den geringsten Zweifel daran, daß sie alle eventuellen Forderungen ihrer Kunden begleichen und dennoch Profit machen können.

Hören Sie auf, sich mit Sorgen über die Zukunft zu lähmen und zu belasten und damit, was andere über Sie sagen oder Ihrer Meinung nach sagen könnten. Als einzigartiges menschliches Wesen können allein Sie Ihre Gedanken kontrollieren. Warum also Energie verschwenden, indem Sie sich den Kopf über etwas zerbrechen, auf das Sie ohnehin keinen Einfluß haben, etwa die Ansichten anderer über Politik, Gott oder die Kirche. Billigen Sie anderen Menschen ihre eigenen Gedanken, Ideen, Träume, Wünsche und Gefühle zu, und sie werden sich Ihnen gegenüber ebenso verhalten. Da jeder von uns ein Teilchen dieses göttlichen Höheren Selbst ist, haben wir alle das Recht, der Kirche unserer Wahl beizutreten, für unseren bevorzugten Kandidaten zu stimmen und unsere Häuser violett zu streichen, wenn es uns gefällt. Jeder von uns hat das Recht Entscheidungen zu treffen, die auf unseren unterschiedlichen Gedanken, Gefühlen, Ideen und Vorstellungen beruhen. In den Vereinigten Staaten hat diese Vielfalt eine reiche Mischung von Kulturen hervorgebracht, in der wir nicht alle einer Meinung sein müssen. Wir müssen nur anderen zubilligen, nicht mit uns übereinzustimmen.

Lösen Sie sich von Ihren Schuldgefühlen

Befreien Sie sich von Ihren Schuldgefühlen und all den Begebenheiten aus der Vergangenheit, derer Sie sich vielleicht schämen. Nehmen auch Sie an, daß Ihr Höheres Selbst Sie so akzeptiert, wie Sie sind. Verdammen Sie sich nicht wegen zurückliegender Mißerfolge und widriger Verhältnisse oder einer unglücklichen Ehe. Selbstverdammung und Schuldgefühle führen zu Leiden und Krankheit. Lassen Sie los und den Höchsten Geist wirken. Bitten Sie um Vergebung für Ihre Fehler.

Falls Sie wegen eines zurückliegenden Fehlverhaltens immer noch Schuldgefühle empfinden, konnten Sie dieses falsche Verhalten möglicherweise bisher nicht zugeben oder darüber sprechen. Machen Sie sich jetzt eines klar: Der Höchste Geist liebt Sie so, wie Sie in diesem Augenblick sind. Fragen Sie sich: Wenn es Ihnen möglich gewesen wäre, sich anders zu verhalten, hätten Sie es getan? Gab es für Sie überhaupt eine Möglichkeit, sich anders zu verhalten? Wie dachten Sie damals? Was fühlten Sie in Ihrem Herzen? Wie waren die Umstände, unter denen Sie sich so verhielten? Aber im Grunde spielt das alles keine Rolle. Der Höchste Geist liebt Sie, weil er weiß, daß Sie sich – wäre es möglich gewesen – anders verhalten hätten.

Wenn Sie auf Ihr bisheriges Leben zurückschauen, und es fallen Ihnen schreckliche Dinge ein, die Sie dem einen oder anderen Menschen antaten, müssen Sie vielleicht diejenigen um Vergebung bitten, denen Sie Unrecht zufügten, um so diesen Abschnitt Ihres Lebens in Ordnung zu bringen. Verdammen Sie sich nicht immer wieder für vergangene Verhaltensweisen, denn solange diese Erinnerungen an Ihnen nagen, werden Sie niemals frei sein. Sie werden Ihr ganzes Leben von Schuldgefühlen geplagt, und dies schlägt sich auch in Ihrer Gesundheit nieder. Bitten Sie darum und erkennen Sie, daß die Unendliche Intelligenz Sie erhören wird, wenn Sie sich ihr öffnen. In diesem Augenblick sind Sie vollkommen und ganz. Reinigen Sie sich durch die Techniken des Loslassens auf Seite 108.

Lösen Sie sich von Ihren Ängsten

Als ich mein Beratungszentrum eröffnete, führte ich eine praktische Methode ein, mit deren Hilfe ich Bindungen von Menschen an ihre Vergangenheit, welche die Gesundheit bedrohten, löste. Die Gruppe und ich sprachen übers Sterben und den Tod, wir befaßten uns mit Themen, die Ärzte in ihrer Sprechstunde aus Zeitmangel nicht mit ihren Patienten besprechen können. Wir offenbarten unsere Ängste und tauschten unsere Gefühle aus. Dabei stellten wir fest, daß die meisten von uns von Kindheit an unter Ängsten litten. Angst hindert manchmal kleine Kinder daran, in Kontakt mit anderen Kindern zu treten, und später im Leben zerstört sie dann jede Hoffnung auf eine Zukunft oder auch nur ein friedliches Leben. In unseren Gesprächen fanden wir heraus, daß jedes menschliche Verhalten durch Ängste beeinflußt wird. Und wenn in unserem Inneren Ängste und Pessimismus in Wechselbeziehung stehen, führt der entstehende Streß zu geistiger und körperlicher Erkrankung. In der Gruppe hatten einige nicht nur Angst vor der Außenwelt, viele fürchteten sich auch vor ihrer eigenen Innenwelt. Als ich über Meditation sprach, empfanden einige Furcht, in sich zu gehen und ihrem Inneren Ich gegenüberzutreten. (Meditation wird im achten Kapitel behandelt.)

Viele Menschen sind durch Ängste schon an den Rand ihrer Existenz gebracht worden, und viele Mitbürger leben mit schwächenden Phobien, unter Zwängen und neurotischen Handlungsweisen. Ängste haben viele Erscheinungsformen: Manch einer leidet in einem Fahrstuhl oder einem kleinen Raum unter Platzangst, ein anderer fürchtet das Alleinsein. Einmal hatte ich einen Klienten, der gelegentlich unvermittelt die Sitzung verließ, weil seine Frau sich ängstigte, wenn sie allein im Haus war. Die Angst der Frau hinderte den Mann sogar daran, einen höher bezahlten Posten als Handlungsreisender anzunehmen. Aus Angst isolieren sich manche Menschen in ihren Häusern. Sie wagen sich nicht vor die Tür, weil sie fürchten, von anderen verletzt zu werden. Diese Menschen leiden körperlich und seelisch unter ihren Ängsten, obwohl es oft keinen realen Grund dafür gibt.

Zaghafte Menschen zaudern ihr ganzes Leben lang. Weil sie fürchten, die falsche Entscheidung zu treffen, zögern sie monatelang, bevor sie sich endlich einen Mantel kaufen oder zum Arzt gehen. Manche Kranken fürchten sich vor notwendigen Operationen, weil sie Angst haben, die Operation könnte mißlingen. Eine der größten Ängste ist die Furcht vor dem Tod: Sosehr wir uns auch danach sehnen, mit dem Höchsten Geist vereint zu sein, sosehr fürchten wir uns davor zu sterben.

Ein Sauberkeitsfanatiker richtet sich vielleicht in seiner Angst, es könnte nicht alles absolut sauber sein, zugrunde. Andere zwanghafte Menschen haben Rituale daraus entwickelt, wie sie sich kleiden, Körperpflege betreiben, am Morgen aufstehen oder die Hausarbeit verrichten. Menschen mit zwanghaften Verhaltensweisen wurden oft von dominanten, willensstarken und streng disziplinierenden Eltern erzogen. Ihnen wurde sehr früh von jemandem das Gefühl vermittelt, wertlos zu sein oder sich vor der Gesellschaft anderer fürchten zu müssen.

Große Veränderungen in unserem Leben können Ängste auslösen. Es wäre ungewöhnlich, keine beklemmenden Gefühle zu haben, wenn man etwas Neues beginnt oder eine neue Arbeit antritt. Auf der einen Seite wollen wir zu rasch vorankommen, andererseits sind wir geneigt zu bremsen. Wenn wir etwas Neues beginnen wollen, kann Angst dazu führen, daß wir nach Vorwänden suchen, die unsere Erfolgsmöglichkeiten beschneiden. Dies wird am Fall einer Mutter deutlich, die ihrer Tochter anfangs erlaubte, auf Bäume zu klettern. Dann erinnerte sie sich, daß der Nachbarsjunge von einem Baum gefallen war und sich am Kopf verletzt hatte, und plötzlich sorgte sie sich so übermäßig um die Sicherheit ihres Kindes, daß sie dem Mädchen das Klettern auf Bäume verbot.

Es gibt Menschen, die sich – anstatt für den Erfolg – stets für den Mißerfolg entscheiden. Einmal kam eine Frau in meine Beratung, die wissen wollte, warum ihr Mann immer versagte, sobald er den Punkt erreichte, an dem eigentlich Aussicht auf Erfolg bestand. Ich erklärte ihr, er habe wohl Angst, das Falsche zu tun. Wir verfolgten seine Angst bis in seine Kindheit zurück: Seine Eltern hatten großen Wert darauf gelegt, daß er in der Schule zu den Besten zählte. Für sie war das ungeheuer wichtig, und sie betrachteten es als Versagen, wenn es ihm einmal nicht gelang. Doch obwohl er sich große Mühe gab, erhielt er nicht immer die besten Noten. Kam er mit einer Drei nach Hause, tadelte ihn sein Vater, erteilte ihm für einen Monat Hausarrest und drängte ihn, sich noch mehr anzustrengen, um die begehrte Eins zu bekommen. Der Junge ließ in seinen Leistungen nach, denn jedesmal, wenn er kurz vor dem Erfolg stand, fürchtete er dennoch zu versagen – und konnte deshalb seine volle Leistungsfähigkeit nicht entfalten. Nachdem er herausgefunden hatte, auf welche Weise sein Unterbewußtsein in der Kindheit negativ programmiert worden war, änderte er sein Denken und begann Risiken einzugehen, denn er wußte nun, er würde in jedem Fall ein Gewinner sein, selbst wenn er einmal versagte.

Angst und Mißtrauen überschatten das Verhältnis der Menschen zueinander, und wir haben nur eine einzige Hoffnung: daß Sie den Wunsch verspüren, Glück zu finden, ganz gleich, wer Sie sind, welcher Religion Sie angehören oder welcher Rasse. Dieser Wunsch schließt auch ein, daß Sie Ihre Kinder in einer sichereren Welt aufwachsen sehen möchten, die besser als Ihre jetzige Welt ist. Doch die Wünsche für Ihre Kinder dürfen weder zu Spannung noch Angst bei Ihnen führen. Sie haben vielleicht manches Unglück überlebt, und Ihren Kindern wird es auch so ergehen.

Haben Sie den Mut, die Ursachen für Ihre Ängste und Befürchtungen zu ergründen. Sie werden vielleicht festellen, daß sie durch zurückliegende Erlebnisse zustande kamen, die Sie längst vergessen hatten. Prüfen Sie Ihre Ängste, damit Sie lernen können, mit ihnen zu leben und sie dann zu bewältigen. Wenn Sie es beispielsweise als schwierig empfinden, Verantwortung zu übernehmen und Entscheidungen zu treffen, können Ihre Befürchtungen und Ängste ihren Ursprung in einer übermäßig beschützten Kindheit haben. Gehen Sie in Ihre Kindheit zurück, und finden Sie den Auslöser für Ihre Ängste. Seien Sie überzeugt, daß diese negative Programmierung Ihres Unterbewußtseins positiv umprogrammiert werden kann.

Ängste lassen sich besiegen, wenn Sie sie als das erkennen, was sie sind, und wissen, daß sie überwunden werden können. Betrachten Sie sich als Mensch, der das Recht auf ein Leben in Glück und Frieden hat und nicht in Angst. Lassen Sie Ihre Handlungen nicht durch die Angst bestimmen, was andere vielleicht über Sie denken könnten. Die Kritik negativer Menschen ist bedeutungslos für Sie, weil Sie ein Recht auf Ihre eigenen Gedanken und Ihre eigene Lebenweise haben. Sie wurden vom Höchsten Geist nach seinem Abbild geschaffen. Sprechen Sie häufig Affirmationen, um dies in Ihrem Leben zu bestätigen.

Begreifen Sie, daß Ihre Ängste heute unangebracht und irrational sind, weil Sie vermutlich über die Jahre ihren eigentlichen Grund vergaßen, der möglicherweise in einem Ereignis in Ihrer Kindheit zu suchen ist. Zerschlagen Sie die Macht des Negativen über Sie. Ergreifen Sie in Ihrem täglichen Leben die Initiative. Seien Sie mutig und positiv, wenn Sie an Ihren Ängsten arbeiten. Bemühen Sie sich intensiv, den Ursprung Ihrer Ängste tatsächlich aufzuspüren. Wenn Sie dies tun, werden Sie die Angst überwinden und beginnen können, ein erfolgreiches Leben zu führen. Denken Sie immer daran, Sie haben ein Recht darauf glücklich zu sein.

Lösen Sie sich von Ihrer Unsicherheit

Wenn Sie Formeln sagen wie »Ich tauge zu nichts« oder »Ich bin nichts wert«, dann sind Sie voller Unsicherheit, die auf eine negative Programmierung in der Vergangenheit zurückzuführen ist. Verstehen Sie aber, daß Sie sich selbst als wertlos ablehnen, wissen Sie jetzt, daß Sie das ändern können. Erkennen Sie, daß Sie ein Recht auf Erfolg haben und als Mensch wertvoll sind.

Beginnen Sie Ihre Unsicherheit mit kleinen Dingen abzubauen, die Ihnen – statt Mißerfolg – Erfolg versprechen. Auf diese Weise können Sie Ihr Gefühl der Unsicherheit durch ein Gefühl des Erfolgreichseins ersetzen. Wenn Sie sich in einer Beziehung oder Situation befinden, die zu Ihrer Unsicherheit beiträgt, dann müssen Sie diese Situation ändern. Leben Sie mit einer Person zusammen oder gehen Sie einer Beschäftigung nach, die Ihnen das Gefühl vermittelt, ein Versager zu sein, sollten Sie eventuell mit einem Berater oder Freund darüber sprechen. Wenn Sie dann die Situation aus dem richtigen Blickwinkel sehen können, müssen Sie sie ändern. Verharren Sie nicht in einer Lage, die Ihren Erfolg verhindert. Tun Sie etwas, um diese Situation zu bereinigen, andernfalls werden wieder die Versagensängste aufkommen. Glauben Sie an Ihren Erfolg, daran, daß Sie es schaffen. Lassen Sie sich nicht in diesem Glauben beirren, und Sie werden erfolgreich sein.

Lösen Sie sich von Ihrem Selbstmitleid

Niemand will mit einem Menschen zu tun haben, der in Selbstmitleid zerfließt. Derjenige, der sich selbst bemitleidet, isoliert sich regelrecht von anderen Menschen, auch wenn er nicht versteht, daß es daran liegt, weil er jedem seine Probleme in allen

Einzelheiten schildert.

Während eines meiner Workshops erzählte einmal eine junge Frau, sie habe eine sehr glückliche Kindheit verbracht. Eine dreiviertel Stunde später meldete sie sich jedoch zu Wort: »Nun, ich will bei Ihnen nicht den Eindruck entstehen lassen, daß meine Kindheit wirklich *so* glücklich war, denn mir ist da eine ganz schreckliche Sache passiert, die ich Ihnen erzählen möchte...« Und dann erging sie sich in Selbstmitleid. Es war offensichtlich, daß es die übrige Gruppe nicht interessierte, was sie zu erzählen hatte, weil sie so verzweifelt ihre Aufmerksamkeit und ihr Mitleid zu erhaschen suchte. Es stellte sich heraus, daß die junge Frau als Kind nicht genügend Aufmerksamkeit erhalten hatte.

Wenn Sie nicht das Selbstmitleid aus Ihrem Leben verbannen, werden Sie kein Glück finden. Zunächst einmal müssen Sie erkennen, daß Sie dazu neigen, und dann herausfinden, was Sie dagegen tun können. Danken Sie als erstes Ihrem Höheren Selbst für das, was Sie sind. Seien Sie dankbar für die Segnungen, die Sie erhalten haben, denn selbst im Schlechten liegt etwas Gutes verborgen, wenn man es zu erkennen vermag. Wenn Sie Ihre Haltung gegenüber der Situation, die Ihr Selbstmitleid verursacht, ändern, bedeutet dies nicht, daß Sie sie akzeptieren, vielmehr wandeln Sie Ihre geistige Einstellung dazu und weisen es von sich, Selbstmitleid zu empfinden.

Besiegen Sie Ihr Selbstmitleid durch Lachen. Wir sollten im Leben öfter von Herzen lachen, auch wenn das nicht immer einfach ist. Wir brauchen mehr Flip Wilsons* und weniger Jack the Rippers. Die Zeitungen räumen Comics nur eine Seite ein, die anderen Seiten sind voller schrecklicher Berichte über Gewalt und Verbrechen. Auch in den Fernsehnachrichten ist das Verhältnis von lustigen und traurigen Berichten ebenso, und dreißig Minuten Chaos werden mit einer menschlichen Anekdote garniert.

Wenn Sie nach dem Humor im Leben suchen, so werden Sie ihn finden. Beginnen Sie bei sich selbst. Erinnern Sie sich an alle ver-

---

* Amerikanischer Komiker

rückten, witzigen Augenblicke in Ihrem Leben. Wenn Sie jeden Tag ein paarmal herzlich lachen – aus welchem Grund auch immer – werden Sie gesund sein und weniger Zeit für Selbstmitleid haben. Norman Cousins Erfahrungen beweisen die Macht des Lachens.* Als Cousins von seinem Arzt gesagt wurde, er habe nur eine Chance von 1 zu 500 eine Bindegewebserkrankung zu überleben, weigerte er sich einfach zu sterben. Er übernahm die Verantwortung für seine Genesung und zog aus dem Krankenhaus in ein ruhigeres Hotelzimmer um. Wie er feststellte, war der Hotelaufenthalt nicht nur billiger, sondern auch das Essen schmeckte besser. Im Hotel hatte er darüber hinaus die Möglichkeit Vorsicht-Kamera-Filme und Filme von den Marx Brothers anzusehen, wann immer ihm der Sinn danach stand. Außerdem lasen ihm Freunde laut witzige Bücher vor. Cousins glich seine geringen Chancen mit Lachen und unbesiegbarer Lebensfreude aus.

Statt sich in Selbstmitleid zu ergehen, sollten Sie Geschichten von Menschen lesen, die über ihr schweres Schicksal triumphierten. Denken Sie an die blinden, verkrüppelten oder verwaisten Kinder in dem vom Krieg zerrissenen Mittleren Osten oder die verhungernden Familien in Afrika. Lesen Sie die Abendzeitung, und Sie werden Schicksale entdecken, die viel schlimmer sind als Ihres. Darüber hinaus sollten Sie Ihren Geist ständig beschäftigen, damit Sie gar keine Zeit haben, darüber nachzudenken, wie schrecklich es Ihnen doch ergeht. Auf den folgenden Seiten will ich näher darauf eingehen, wie man lernen kann, Schwierigkeiten im Leben zu akzeptieren.

Technik des Loslassens

Suchen Sie sich ein ruhiges Plätzchen, und setzen Sie sich entspannt hin. Lösen Sie sich von jeglichem Zorn, den Sie vielleicht in sich tragen. Lassen Sie von Groll, Ängsten und Sorgen los.

---

* Cousins, Norman: Der Arzt in uns selbst. Anatomie einer Krankheit aus der Sicht des Betroffenen. Reinbek 1981.

Nachdem Sie sich aller Menschen erinnert haben, die Ihnen Schaden zufügten, segnen Sie sie. Bitten Sie den Höchsten Geist, jeden von ihnen mit Erfolg, Liebe und Glück zu segnen. Vergeben Sie ihnen dafür, daß sie Sie verletzten, und vergeben Sie sich selbst für Ihre eigenen Handlungsweisen, die möglicherweise dazu führten, daß Sie verletzt wurden. Dann sollten Sie affirmieren: »Ich bin frei von jeglichem Groll, allen Menschen an allen Orten und allen Dingen. In meiner Vergangenheit und Gegenwart gibt es keinen Raum für Groll, denn ich bin durch und durch von Liebe erfüllt.«

Schreiben Sie einen Brief an den Höchsten Geist

Eine der wirksamsten Techniken, die ich je anwendete, besteht darin, einen Brief an den Höchsten Geist zu schreiben. Nach der Anrede »Lieber Höchster Geist« teile ich ihm mit, welche Last ich zu tragen habe und daß ich ihm alle negativen Dinge übergeben will, die in meinem Leben geschehen sind. Am Ende des Briefes danke ich ihm, daß er diese Dinge für mich regeln wird. Ohne den Brief noch einmal zu lesen, lege ich ihn dann in einen Eimer, zünde ihn an und spüle die Asche die Toilette hinunter. Auf diese Weise habe ich mich negativer Gedanken entledigt und sie der Obhut des Höchsten Geistes übergeben.

Bei der Anwendung dieser Technik ist es wichtig, das Geschriebene nicht noch einmal zu lesen, denn dadurch würden Sie diese Gedanken erneut in ihr Bewußtsein aufnehmen. Verbrennen Sie den Brief einfach. Ihr Höheres Selbst wird Sie reinigen.

Engel in Verkleidung

Oft erleben wir bestimmte Dinge, damit wir aus diesen Erfahrungen lernen können. Dr. Robert Schuller sagt, daß sozusagen Schulden in Vermögen umgewandelt werden können und negative Erfahrungen in Wirklichkeit manchmal »verkleidete Engel« sind. Ich habe diese Transformationen des Schlechten zum Guten bei Kranken erlebt. Auch ich hätte meine Lebensmission nicht erkannt, wäre ich nicht so krank geworden, daß ich zum Überleben Sozialhilfe beanspruchen mußte. Meine rheumatische Arthritis sollte mir klarmachen, die Kräfte meines Unterbewußtseins zu nutzen und von meinen Problemen loszulassen, damit der Höchste Geist wirken konnte.

Vielleicht affirmieren Sie, wenn Schwierigkeiten auftreten: »Die Schwierigkeiten, die ich jetzt erlebe, können mir nichts anhaben. Sie werden mir helfen; sie machen aus mir einen besseren Menschen, und mein Charakter wird gestärkt. Ich werde dieses Problem im richtigen Geist betrachten und tun, was notwendig ist, um diese Erfahrung in der richtigen Weise zu handhaben. Aufgrund dieser Erfahrungen werde ich in der Lage sein, anderen Menschen mit ähnlichen Schwierigkeiten zu helfen.«

In meiner Beratungstätigkeit kann ich oft meine eigenen Erfahrungen als Orientierungshilfen nutzen. Wenn Sie anderen Menschen helfen wollen, müssen Sie sich zuerst auf diese Welt einlassen, um selbst Schmerz und Leid zu erfahren. Begegnen Ihnen Schwierigkeiten, dann lehnen Sie sich nicht untätig zurück. Tun Sie etwas! Solange Sie die Initiative ergreifen, haben Sie keine Zeit, die Situation immer wieder zu überdenken und sich in Selbstmitleid zu ergehen. Besuchen Sie Menschen in Krankenhäusern oder Pflegeheimen. Hören Sie ihren Problemen zu, aber unterlassen Sie es, von Ihren eigenen Schwierigkeiten zu erzählen. Besuchen Sie einsame Nachbarn... helfen Sie ihnen bei der Gartenarbeit, oder gehen Sie mit ihnen einkaufen. Bieten Sie jungen Eltern, die etwas Zeit für sich brauchen, an, auf die Kinder aufzupassen. Wenn Sie solch uneigennützige Dinge tun, werden Sie feststellen, daß Sie im gleichen Maße empfangen, in dem Sie geben.

Ist Ihr Leben mit Enttäuschung und Bitterkeit erfüllt, fürchten Sie vielleicht auch, daß Sie Ihren Glauben verloren haben. Auch ich glaubte das einmal. Ich denke aber, daß niemand tatsächlich seinen Glauben verliert. Entweder besaßen wir ihn nie wirklich, oder wir haben ihn vorübergehend ›verlegt‹. In letzterem Fall sollten Sie beten, als würden Sie glauben, und Sie *werden* glauben. Bei Matthäus 7,7 steht: »Bittet, dann wird euch gegeben;

sucht, dann werdet ihr finden; klopft an, dann wird euch geöffnet. Denn wer bittet, der empfängt; wer sucht, der findet; und wer anklopft, dem wird geöffnet.« Affirmieren Sie täglich: »Der Glaube wohnt in mir. Mein Leben ist glücklich und erfolgreich, mein Ehepartner ist liebevoll, meine Kinder geben gern, und ich bin liebevoll.« Schließlich wird sich durch diesen Glauben Gutes in Ihrem Leben manifestieren, und es werden sich Erfolge einstellen.

Wie man Schulden in Vermögen umwandelt

Auch nachdem Sie Ihr Höheres Selbst gebeten haben, Ihre alten Verhaltensweisen zu wandeln und Ihr Wesen zu läutern, erleben Sie vielleicht dennoch Kummer oder müssen eine schwere Last tragen. Während jeder wachen Minute positiv zu denken ist nicht leicht, noch ist es einfach, Groll und Haß aus dem Herzen zu verbannen. Körper und Geist beständig von alten Angewohnheiten, alten Denkmustern und alten Vorstellungen zu befreien ist sehr schwierig. Gerade dann, wenn Sie glauben, Sie hätten es geschafft, wird Ihnen eine Prüfung auferlegt, um festzustellen, ob Sie diese neue Lebensweise wirklich meistern.
Dies war meine Prüfung: Einmal ließ ich mich mit zwei meiner Klienten auf ein finanziell risikoreiches Unternehmen ein. Dann beschlossen meine Partner eines Tages auszusteigen. Sie nahmen alle Leute mit sich, die wir als Gruppe zusammengebracht hatten, und das Unternehmen wurde aufgelöst. Als andere sagten, daß sich die beiden mir gegenüber schrecklich verhalten hätten, erwiderte ich, sie seien gute Menschen, doch müßten sie jetzt eben diese Erfahrung machen. Ich sprach nie schlecht über sie, doch es war eine schmerzvolle Erfahrung. Für mich war es ein großer finanzieller Verlust gewesen, und sie hatten fast alle meine Klienten mitgezogen. Als mein neues Unternehmen achtzehn Monate später mit Gewinn zu arbeiten begann, erfuhr ich, daß ihr Vorhaben gescheitert war.
Bevor ich die Macht des Unterbewußtseins kennenlernte, war ich mir nie bewußt, warum ich mich unglücklich fühlte oder

wann ich eine Lektion lernte –, ich wußte nur, daß ich mich in einer schier ausweglosen Lage befand. Wenn ich heute Schmerzen erleide, schaue ich in mein Inneres und erforsche meine Seele, während ich mich frage: »Welche Erfahrungen mache ich jetzt? Was habe ich durch meine Einstellung angezogen? Was muß ich lernen?« Vielleicht gefällt mir die Erfahrung nicht, so weiß ich doch stets, daß auf die Schwärze der Nacht das Licht folgt und in diesem Licht Wahrheit, Frieden und die Ganzheit des Geistes liegen. Ich weiß, daß mit dem Licht des Morgens der Glaube in mir wiedergeboren wird, eine Lektion gelernt ist und das Licht meines Höheren Selbst noch stärker in mir scheint.

Die Lehrer der alten Kulturen wußten, daß die Menschen hier auf Erden Lektionen zu lernen haben. Und die Heiligen wußten, daß sie sich einer Läuterung unterziehen mußten. Das Bewußtsein eines jeden von uns bedarf einer Läuterung, und wir können jederzeit affirmieren: »O Höheres Selbst, läutere mich. Schaffe in mir ein reines Herz. Erneuere mich im rechten Geiste.« Wenn Sie diese Worte sprechen, müssen Sie sich jedoch darüber im klaren sein, daß Ihnen möglicherweise Schicksalsprüfungen und Leid geschickt werden, um Sie zu läutern. Ihre äußere Welt muß sich verändern, damit sich Ihre innere Welt wandeln kann. Beide müssen gereinigt und geläutert werden.

Wenn Sie sich in einer unglücklichen Lage befinden, prüfen und überlegen Sie, was Sie aus dieser Erfahrung lernen sollen. Auf welche Weise trägt sie zu Ihrer Entwicklung oder Ihrem Verständnis bei? Wie müssen Sie heute leben? Was zeigt Ihnen die Situation Positives? Jedesmal, wenn ein Problem auftaucht (wenn Sie Geld verlieren, geschieden werden oder Sie jemand, den Sie lieben, verläßt), sind Sie mit einer Lektion konfrontiert. Diese Lektion ist eine lehrreiche Erfahrung, die Sie läutert... es ist eine Erfahrung für die Seele. Und manchmal sind solche Erfahrungen Segnungen.

Warum heiratet eine Frau einen Alkoholiker, läßt sich von ihm scheiden, schwört, nie wieder einen Alkoholiker anzusehen, und heiratet dann den nächsten? Die Frau wird dieses Verhaltensmuster so lange wiederholen, bis sie eine bestimmte Lektion lernt:

Sie zieht das an, wovor sie Angst hat. Und sie wird immer wieder die gleiche Situation anziehen, bis sie sie nicht mehr fürchtet und Mitgefühl, Liebe und Verständnis lernt. Wenn es nicht mehr notwendig ist, sich an die Angst zu klammern, kann sie loslassen und neue Wege begehen. Menschen in dieser Situation finden weder Liebe noch Mitgefühl oder Verständnis, sondern begegnen noch mehr Haß und Groll. Und sie werden weiterhin anziehen, was sie fürchten.

Häufig sind jene Angewohnheiten, die wir an anderen Menschen verabscheuen, genau die, die wir an uns selbst nicht mögen. Seien Sie bereit, sowohl von Ihren nächsten Angehörigen als auch von Fremden zu lernen. Lassen Sie jeden Menschen zu Ihrem Lehrer werden. Erinnern Sie sich stets aufs neue: »Ich bin bereit, wieder zu lernen. Was kann mich dieser Mensch lehren?« Wenn Sie eine Lektion lernen, so lernen Sie sie wirklich gut, andernfalls wird Ihnen die gleiche Person mit einem anderen Gesicht wieder über den Weg laufen und Sie mit den gleichen Schwierigkeiten konfrontieren. Haben Sie aus einer vorangegangenen Erfahrung gelernt, dann können Sie – wenn Sie dem Problem wieder begegnen – loslassen. Sollten Sie feststellen, daß Sie fortgesetzt schlechte Erfahrungen machen, dann ziehen Sie nach wie vor das gleiche Problem an. Haben Sie jedoch eine Lektion einmal gelernt, dann wird Ihnen das Problem nicht wieder begegnen.

Nachdem Sie sich nun von Ärger, Groll, Schuldgefühlen und Haß aus der Vergangenheit gelöst haben, sind Sie auf dem Weg, eine neue Schöpfung zu werden. Das folgende Kapitel behandelt das Gebet. Es wird Ihnen helfen, in diesem Wandel Ihrem Höheren Selbst näherzukommen.

SIEBTES KAPITEL

BETEN SIE REGELMÄSSIG

Ein kleiner Junge wurde einmal gefragt: »Wer hat dich gemacht?« Da antwortete er: »Gott hat mich gemacht, aber ich bin selbst gewachsen.« Jeder von uns muß die Verantwortung für sich und sein Leben übernehmen. Dazu gehört auch die »Umerziehung« unseres Unterbewußtseins, die wir durch Beten, Meditation und Affirmation erreichen. Wir sind das, was wir in unserem Herzen denken. Wenn wir unser Denken durch Gebet und Meditation ändern, werden sich unsere Einstellungen und unser Leben wandeln, weil die Wünsche unseres Herzens Eingang in unser Unterbewußtsein finden.

Auch Beten kann Ihren Charakter wandeln. Wenn dieser Wandel stattfindet, werden Sie ein anderer Mensch. Manche Leute betrachten diesen Wandel als eine Bekehrung, da eine solch drastische Transformation stattfindet, daß der Betreffende wahrhaft neu geboren wird. Saulus' Bekehrung auf der Straße nach Damaskus offenbart, wie dieser Wandel ein Leben in seinen Grundfesten erschüttern kann. Betrachten Sie Gebet nicht als etwas für Kinder und Greise... Beten kann Ihren Charakter und Ihr Leben ändern.

Vergeben Sie, bevor Sie beten

Wenn Gebete Ihren Charakter wandeln sollen, müssen Sie anderen vergeben und dann sich selbst. Die Liebe Ihres Höheren Selbst findet in einem bitteren, unversöhnlichen und grollerfüllten Herzen keinen Eingang. Bedienen Sie sich der Techniken des Loslassens im sechsten Kapitel, um sich von negativen Gedanken zu befreien. Wenn Sie diese Techniken angewandt haben, und es gibt immer noch jemanden in Ihrem Leben, dem Sie nicht vergeben können, versuchen Sie sich vorzustellen, daß Sie mit dem Betreffenden sprechen; wählen Sie dazu einen Zeitpunkt und einen Ort, wo Sie weder gestört noch gehört werden. Imaginieren Sie, der Betreffende steht vor Ihnen. Beschuldigen Sie ihn all des Unrechts, das er Ihnen all die Jahre zugefügt hat. Machen Sie sich Luft, indem Sie schreien oder auf ein Kissen einschlagen. Empfinden Sie ein letztes Mal den Schmerz der Ablehnung oder des Hasses. Dann vergeben Sie dem Menschen und lösen sich für immer von ihm. Während dieses Reinigungsprozesses werden Sie viele Male neue Einsichten gewinnen über das, was in der Vergangenheit geschah und warum es geschah. Vielleicht werden Sie feststellen, daß ein Leid, welches Ihnen in Ihrer Vergangenheit widerfuhr, Sie darauf vorbereitet, mit späteren Schwierigkeiten fertig zu werden.

Wenn Ihr Geist einmal durch Vergebung geläutert worden ist, so versäumen Sie nicht, aufrichtig zu beten. Ist Ihr Herz voll Unruhe, finden Sie keinen Frieden, empfinden Sie unbestimmte Ängste und ist da in Ihnen noch Groll vergraben, dann werden Sie nicht das erhalten, worum Sie im Gebet bitten. Beseitigen Sie diese Relikte aus der Vergangenheit, damit sie Ihre Konzentration auf das Positive nicht stören.

Wie man betet

Wie der einzelne betet, liegt ganz allein in seiner persönlichen Kreativität und Spontaneität. Deshalb möchte ich Ihnen hier auch nur aufgrund dessen, was ich erfahren und gelernt habe, einige Anregungen geben.

Lassen Sie sich beim Beten durch Ihr inneres Verlangen leiten. Gebet heißt mehr, als um etwas zu bitten, was man gern haben möchte. Es bedeutet, sich auf eine bestimmte Kraft einzustimmen. Wenn Sie beten, versetzen Sie Ihren Geist in eine spirituelle Sphäre. Ist ein Gebet wirklich schöpferisch, so kann es in der spirituellen Sphäre alles erschaffen. Seien Sie sich bewußt, daß Sie zu einem allem innewohnenden Gott oder Höheren Selbst beten, nicht zu einem fernen Gott irgendwo im Himmel. Bevor Sie zu beten beginnen, atmen Sie einige Male tief durch, und entspannen Sie bewußt Geist und Körper. Stimmen Sie sich auf die Kräfte in Ihnen ein.

Zum Thema Beten werden häufig vier Fragen gestellt. Die erste lautet: »Soll ich zu Gott direkt beten oder über einen bestimmten Heiligen oder Schutzengel?« Beten Sie stets zum Höchsten Geist als einem liebenden Vater, den Sie direkt ansprechen können. Mit Ihrem bevorzugten Heiligen oder Ihren geistlichen Führern besprechen Sie vielleicht Ihre Ideen, Träume und Wünsche, doch beten sollten Sie allein zu dem allem und so auch Ihnen innewohnenden Gott.

Die zweite Frage lautet: »Sollte ich während des Betens knien?« Wenn Sie beim Knien Ihre Gedanken besser auf den Höchsten Geist konzentrieren können, so knien Sie nieder. Bereitet Ihnen aber das Knien aufgrund körperlicher Beschwerden Schmerzen, dann setzen Sie sich auf jeden Fall hin. Sollten Sie ohnehin den ganzen Tag sitzen und wollen lieber stehen, tun Sie dies. Welche Körperhaltung Sie auch einnehmen mögen, Ihr Höheres Selbst hört Ihnen zu.

Eine dritte Frage ist: »Welche Gebete sollte ich sprechen?« Meist wird Ihr Geist ein spontaner, an Ihren innewohnenden Gott gerichteter Ausbruch Ihres Herzens und Ihrer Seele sein. Vielleicht ist es ein kurzes inbrünstiges »Danke« oder auch ein längeres Gebet. Die Art des Gebetes hängt von den Umständen ab. Und auch ob Sie im stillen oder laut beten, wird sich dadurch ergeben, wo und wann Sie beten.

Mitunter verzichten Sie aber vielleicht auf ein spontanes Gebet und suchen statt dessen Trost im Vaterunser oder den Psalmen. In der Bibel finden sich die großartigsten Gebete, die je niedergeschrieben wurden. Wenn Sie einen Psalm – beispielsweise Psalm 23 – ausgewählt haben, lesen Sie ihn mehrere Male langsam, und halten Sie immer wieder inne, um für die göttliche Inspiration empfänglich zu werden. Vielleicht möchten Sie aber auch Psalm 46 beten, mit dessen Hilfe Sie alle Arten von Schwierigkeiten überwinden können. (Im folgenden neunten Kapitel finden Sie weitere Psalmen, die sich in verschiedenen Situationen als Ge-

In seine Hand
hineingelegt
bleib ich
in stiller Ruh.
Wie er
mich führt,
wie er
mich trägt,
das stehet
ihm nur zu.

Friedrich Traub

bete eignen.)

Eine vierte Frage, die mir häufig gestellt wird, lautet: »Sollte ich mit anderen gemeinsam oder allein beten?« Hierfür gibt es keine allgemeingültige Regel: Wenn Sie mit einem Partner inbrünstiger beten können, so tun Sie es. Die meisten Menschen stellen fest, daß ein Gruppengebet ihre Gefühle und ihre Bewußtheit verstärkt, und deshalb beten sie – wann immer möglich – in einer Gruppe. Sie werden sich erinnern, daß auch Jesus seine Jünger bat, mit ihm auf dem Ölberg zu beten.

Das Wichtigste beim Beten ist, voll und ganz dabeizusein: mit Ihrem Gefühl, Ihrem Glauben und der Erwartung, daß das, worum Sie bitten, Wirklichkeit werden wird. Dann lassen Sie los und den Höchsten Geist wirken, ob Sie nun allein oder mit anderen beten. Man soll so beten, wie man liebt... mit allem, was man hat!

Beten Sie täglich. Beten sollte zu einer Gewohnheit werden, die alle Aspekte Ihres Lebens – kleine wie große – umfaßt. Lernen Sie, nicht nur aus Pflichtgefühl zu beten, oder wenn Sie in Schwierigkeiten sind, sondern betrachten Sie das Gebet als Möglichkeit, mit Gott wie mit einem Freund zu sprechen. Erzählen Sie von Ihren Bedürfnissen, Wünschen und Freuden. Versäumen Sie aber auch nicht, immer wieder für all das Gute in Ihrem Leben zu danken. Ihr Gebet sollte ein spontaner Ausbruch Ihres Herzens und Ihrer Seele sein. Reservieren Sie sich jeden Tag eine bestimmte Zeit – nur zehn Minuten – um mit Ihrem Höheren Selbst zu sprechen. Dann werden Sie den Beweis für Jesu Worte finden: »Und alles, was ihr im Gebet erbittet, das werdet ihr erhalten, wenn ihr glaubt.«

Da das Gebet in der Liebe wurzelt, werden Sie folgendes feststellen: Je mehr Liebe Sie selbst verschenken, um so häufiger werden sich Dinge, um die Sie bitten, in Ihrem Leben realisieren. Das Gebet bittet, und die Liebe gewährt in dem Maße, in dem Sie geben. Ihr Gebet wird insoweit erhört, wie Sie es sich durch Ihre Gedanken, Ihren Dienst an anderen und eigenes Geben »verdient« haben. Wenn Sie geben, horten Sie Ihre Schätze, wenn Sie empfangen, räumen Sie Ihre Schatzkammer.

Wenn Sie beten, lernen Sie für den Tag zu leben. Wie der Psalmist sagt: »Dies ist der Tag, den der Herr gemacht hat; wir wollen jubeln und uns an ihm freuen.« Bitten Sie Gott, Ihnen das zu geben, was Sie in den nächsten vierundzwanzig Stunden – für den heutigen Tag – benötigen. Lassen Sie die Inbrunst Ihres Gebetes in Ihr Leben einströmen. Genießen Sie jeden Augenblick des Tages. Jeder Mensch, der während dieses Tages in Ihr Leben tritt, wird etwas Besonderes werden, jemand, an dem man sich freut.

Beten Sie für jeden. Nehmen Sie sich täglich einige Minuten Zeit, um für Ihre Brüder und Schwestern auf der ganzen Welt zu beten. Der Höchste Geist hat uns so geschaffen, daß jeder ein Teil des anderen ist. Im Johannesevangelium heißt es: »Ich bin der Weinstock, ihr seid die Reben. Wer in mir bleibt, und in wem ich bleibe, der bringt reiche Frucht; denn getrennt von mir könnt ihr nichts vollbringen.« Durch die Fehler unseres Menschengeschlechtes ist unsere Welt nicht mehr vollkommen. Beten kann jenen helfen, die durch unsere Fehler ihr Heim, ihre Familie und ihren Lebensunterhalt verloren.

Beten Sie insbesondere für diejenigen, die aufgrund von Mißverständnissen gegen Sie sind oder Ihnen Schaden zufügen wollen.

Beten Sie für jene, die Ihnen geben. Erinnern Sie sich daran, was ich im vierten Kapitel über Geben und Nehmen sagte: Auch wenn Geben seliger ist als Nehmen, muß doch irgendwer nehmen, um diejenigen zu segnen, die geben. Sagen Sie Gott, daß Sie aufrichtig dankbar für alle sind, die Ihnen geben.

Beten Sie auch für jene, die diese Welt verlassen haben. Oft können Ihre Gebete dem Geist eines Verstorbenen, den Sie liebten, helfen, in andere Sphären zu gelangen. Das ist wichtig, denn vielleicht muß sich jene Seele in eine andere Sphäre begeben, um weiter lernen zu können.

Beten Sie für sich selbst. Für sich selbst zu beten, ist nicht egoistisch. Das Bitten um Führung, Weisheit, Verständnis oder Gesundheit wird es Ihnen ermöglichen, anderen zu helfen. Sie können anderen nicht helfen, wenn Ihr eigener Quell versiegt ist oder Sie ausgebrannt sind. Gehen Sie in sich, und blicken Sie tief in Ihr Inneres und fragen Sie, was Ihr Gebet beinhalten sollte.

Welche Pläne hat Ihr Höheres Selbst mit Ihnen? Welche Laufbahn und welche Interessen sollten Sie verfolgen? Alles ist möglich... die Unendliche Intelligenz verfolgt mit jedem Menschen einen Plan. Wenn Sie Ihre wirkliche Bestimmung entdeckt haben, werden Sie alle Hindernisse aus dem Weg räumen können und beginnen, in Ihrem Leben Erfolg zu sehen. Beten Sie, daß Ihnen dieser geheime Herzenswunsch offenbart wird. Wenn Sie zulassen, daß er sich in Ihrem Leben realisiert, werden Sie glücklich und finden Sicherheit, denn zum erstenmal finden Sie Ihren wahren Platz im Leben.

Der Zustand Ihrer Seele drückt sich stets in Ihrem Äußeren aus. Ralph Waldo Emerson sagt: »Was du Gegenteiliges sagst, kann ich nicht hören, denn was du bist, übertönt dich indes mit Donnerhall.« Wenn Sie ein mit Gebeten erfülltes Leben führen, wird das auf Ihre Umgebung und Ihr Leben ausstrahlen. Ihre spirituelle Wahrheit kann anderen dann nicht verborgen bleiben. Wohnen Frieden und Freude in Ihnen, werden andere Menschen mit Ihnen Ihre Welt und Ihr Leben teilen wollen.

Wenn sich Ihr Leben zu wandeln beginnt und Sie erfahren, was Gebete bewirken können, werden Sie feststellen, daß sich Ihr Leben erfüllter, wahrer und selbstloser gestaltet als jemals zuvor und Sie mehr Liebe denn je in Ihrem Herzen verspüren.

Dies ist der Markstein für Sie, daß der Wandel begonnen hat. Sie werden sehen, daß spirituelle Entwicklung auf innerem Wachstum beruht, und da Wachstum Zeit benötigt, ist die spirituellle Entwicklung ein allmählicher Prozeß. Die Gesetze des Universums haben ihren eigenen Rhythmus: Eine Blume braucht Zeit zum Wachsen, eine Sonne Zeit zum Aufgehen und Blätter Zeit, um sich an den Bäumen zu entfalten. Versuchen Sie nicht, Ihr spirituelles Wachstum beschleunigen zu wollen. Lassen Sie zu, daß Ihre Seele durch die Zeit genährt wird, während Sie für Ihre Entwicklung beten.

Beten Sie mit Gefühl. Gebete sollten – statt sich ständig zu wiederholen – vielmehr spontan sein. Wenn Sie intuitiv beten, so beten Sie mit Gefühl und sind empfänglicher für die göttliche Inspiration. Wenden Sie sich an Ihr Höheres Selbst wie an einen erfahrenen Gesprächspartner: Äußern Sie sich präzise und klar. Legen Sie alles offen. Sagen Sie genau, was Sie wollen. Und wenn Sie beten und Ihre Wünsche imaginieren, so denken Sie daran, daß Ihnen die Unendliche Intelligenz das gibt, was Sie benötigen.

Sollten Sie feststellen, daß Ihr Geist abschweift, während Sie affirmieren und Ihren Wunsch visualisieren, dann hören Sie auf und erledigen Sie das, woran Sie gerade denken. Nehmen Sie später Ihr Gebet mit erfrischtem Geist und erfülltem Herzen wieder auf, wenn Sie fähig sind, sich auf Ihr Höheres Selbst zu konzentrieren. Dieses Problem wird aber gar nicht mehr entstehen, sobald Sie die im folgenden Kapitel beschriebenen Techniken beherrschen.

Beten Sie mit Vertrauen. Glauben Sie daran, daß Sie alles erhalten, worum Sie im Gebet bitten. Bitten Sie Gott manchmal um etwas und denken kurze Zeit später, daß Sie es gar nicht wert sind? In diesem Fall wird Ihr Gebet nicht erhört. Als ein Wesen, das das Höhere Selbst in sich trägt, sind Sie es wert. Sie müssen in Verbindung mit der Ihnen innewohnenden Wesenheit treten. Stimmen Sie sich auf Ihr Höheres Selbst ein, und denken Sie beim Beten daran, daß es der Wille des Höchsten Geistes ist, wenn Sie größere Freiheit, bessere Ausdrucksmöglichkeiten, eine gute Gesundheit und alle anderen wunderbaren Dinge, die Sie sich vorstellen können, erhalten. Erkennen Sie, daß alles, was Sie erbitten, Ihnen zusteht. Wenn Sie in Harmonie mit dem göttlichen Willen stehen, werden jene Dinge, die Sie erbitten, Eingang in Ihr Leben finden.

Was wir erwarten, werden wir erfahren

Die Priester in den Tempeln der alten Zeiten gaben Kranken vor dem Einschlafen Drogen und führten hypnotische Suggestionen durch. Die Priester sagten den Kranken, die Götter würden sie im Schlaf besuchen und heilen. Auf diese Weise erfolgten viele Heilungen, und die Geheilten gingen von dannen und priesen die Götter.

In unserem Jahrhundert begann eines Tages in einer bestimmten

Stadt ein Arzt sogenannte Heilstäbe zu verkaufen. Den Menschen erzählte er, diese Heilstäbe seien geweiht und ihnen wohne große Kraft inne. Es erfolgten wundersame Heilungen, und der Arzt machte mit seinen Heilstäben ein überwältigendes Geschäft. Dann wurde er eines Tages in einer Zeitungsschlagzeile als Betrüger beschuldigt, und der Artikel berichtete darüber, die Polizei habe das Lager des Arztes durchsucht und Tausende von ganz gewöhnlichen Stäben gefunden. Und während der Arzt im Gefängnis saß und sein Betrugsverfahren erwartete, wurden alle Menschen, die auf wundersame Weise geheilt worden waren, nach und nach wieder krank.

Als ich eines Tages gerade in Catherine Ponders Buch *Bete und werde reich** vertieft war, kam eine Frau auf mich zu und sagte ein wenig naserümpfend: »Oh, ist das nicht eine phantastische Sache, wir dürfen aus egoistischen Gründen beten.« Ich antwortete: »In diesem Buch bedeutet *reich* ein Reichtum an Gesundheit, Liebe und Erfolg, weil Gott, unser Vater, das für uns wünscht.« Die Frau blickte mich unsicher an und setzte sich dann neben mich. Eine dreiviertel Stunde später ging sie lächelnd davon und erklärte, daß sie das Buch kaufen wolle. Ich hoffe, die Lektüre hat sie in die Lage versetzt, mit dem Vertrauen eines Kindes zu beten.

Beten Sie mit Beharrlichkeit. Wenn ich tief in mir spüre, daß mich etwas ganz intensiv bewegt, so bete ich beharrlich. Das kann ein Heim für ein verlassenes Kind sein oder auch Geld, damit ich Gehälter und Miete bezahlen kann. Bin ich in Not, so wende ich mich viele Male am Tag an mein Höheres Selbst und sage: »Höre mich an, Gott, hier bin ich wieder. Ich bin in einer Notlage, o Gott.« Und meinem Verlangen wird stattgegeben, weil ich darauf bestehe und beharre, so wie Isaak und Abraham im Alten Testament, die beharrlich ihr Leben lang beteten.

Wenn eine plötzliche Notlage eintritt und Sie etwas sofort benötigen, dann beten Sie noch öfter. Beten Sie still, und sprechen Sie laut mit Ihrem Höheren Selbst, so wie mit einem Freund. Doch

* Ponder, Catherine: Bete und werde reich. Berg 1981.

auch im beharrlichen Gebet müssen Sie in vollkommener Freiheit beten und erkennen, daß Ihnen der Höchste Geist das geben wird, was Sie benötigen, und nicht, was Sie gern hätten. Diese Lektion mußte ich auch erst lernen.

Bei einer Gelegenheit betete ich, weil ich unbedingt ein bestimmtes Haus haben wollte. Ich betete über sechs Monate hinweg und glaubte dabei wirklich, daß ich dieses Haus dringend brauchte. Kurzum, trotz aller meiner Gebete und Tränen bekam ich es nicht, obwohl ich meinem Höheren Selbst genau beschrieben hatte, warum ich in den Besitz dieses Hauses kommen wollte. Und heute bin ich dafür dankbar, daß ich es nicht »erworben« habe, denn kurz nachdem jemand anderes es gekauft hatte, explodierte eine defekte Gasleitung, und es wurde zerstört. Hätte ich das Haus gekauft, wäre meine Familie vielleicht umgekommen.

Zwei Monate später bescherte Gott mir und meiner Familie ein wundervolles Heim, welches sehr viel schöner war als das Haus, das ich erbeten hatte. Ich lernte daraus, daß Gott mir nicht das gab, von dem ich meinte, es haben zu müssen, um mein Bestes wissend gab mir mein himmlischer Vater das, was ich wirklich brauchte. Auf diese Weise lernte ich zu beten, daß Gottes Wille geschehe, selbst wenn ich den Himmel beharrlich um etwas anderes bestürme.

Das prüfende Gebet

Oft bitten wir Gott, uns den Weg in unserem Leben zu weisen, doch hören wir nicht immer seine Antwort. Wenn dies das nächste Mal der Fall ist, sollten Sie es vielleicht so machen wie Gideon in der Bibel. Als Gideon nicht wußte, welchen Weg er nach Gottes Willen beschreiten sollte, und er Gottes Stimme nicht vernahm, da bat er Gott um ein Zeichen, und zwar auf die folgende Weise. Er sprach zu Gott: »Sieh her, ich lege frisch geschorene Wolle auf die Tenne; wenn der Tau allein auf die Wolle fällt und es auf dem ganzen (übrigen) Boden trocken bleibt, dann weiß ich, daß du mir helfen wirst.« Und so geschah es! Als er am folgenden Morgen aufstand, war die Wolle naß und der Boden trocken. Doch Gideon wollte ganz sicher sein, daß er sich auf dem rechten Weg befand und es mit der Prüfung seine Richtigkeit hatte. Er sagte zu Gott: »Dein Zorn möge nicht gegen mich entbrennen, ich möchte es nur noch dieses eine Mal mit der Wolle versuchen. Die Wolle allein soll dieses Mal trocken bleiben und auf dem ganzen übrigen Boden soll Tau liegen.« Und der Herr tat, worum er gebeten worden war. In dieser Nacht blieb die Wolle trocken, aber der Boden war mit Tau bedeckt! Gideon wußte nun, daß Gott zu ihm sprach und wohin sein Weg führte.

Auch Sie können um ein Zeichen bitten, so wie Gideon im Alten Testament. Vielleicht brauchen Sie die Antwort so bald wie möglich: Ergreifen Sie die Initiative, was immer auch in Ihrem Leben Wirklichkeit werden soll. Rufen Sie sich das sechste Kapitel in Erinnerung: Sie müssen sich von dem Alten lösen, um Raum für das Neue zu schaffen. Lassen Sie ein Vakuum entstehen, damit eine Antwort auf Ihr Gebet hineinfließen kann. Wenn das, was Sie erbitten, richtig für Sie ist, wird sich Ihnen jede Tür öffnen und das Erbetene verwirklichen. Ist Ihr Wunsch nicht zu Ihrem Wohl, bleiben Ihnen alle Türen verschlossen, und Sie werden auch das erkennen.

Oft versuchen Menschen Türen, die durch Hindernisse versperrt sind, gewaltsam zu öffnen, was mit einem Mißerfolg endet. So bittet vielleicht jemand um ein Zeichen, ob er ein bestimmtes Haus erwerben soll, aber selbst nachdem er Schwierigkeiten hatte, das Eigentumsrecht einwandfrei zu klären, beharrt er dennoch darauf. Dann bereitet ihm die Finanzierung Probleme, und immer noch geht er nicht davon ab. Und später, wenn er dann in einem Haus wohnt, das nicht das richtige für ihn ist, fragt er sich verwundert: »Warum hat mich mein Höheres Selbst nicht geführt?«

Wann immer Sie die Wahrheit über eine Situation oder einen Menschen erfahren wollen, bitten Sie um ein Zeichen. Ob Sie mit dem Gedanken spielen, aus Ihrer Kirche auszutreten oder ans Heiraten denken, fragen Sie Ihr Höheres Selbst, was in dieser

Angelegenheit das Beste ist. Bitten Sie Ihr Höheres Selbst, daß es Sie führt und Ihnen den Weg weist.

Gott erhört alle Gebete

Alle Gebete werden erhört, und zwar innerhalb des zeitlichen Rahmens, der vom göttlichen Gesetz bestimmt wurde. Manche Gebete werden rasch erhört, sofern das Erbetene im Einklag mit Ihrem Leben steht, bei anderen Gebeten dauert es notwendigerweise länger. Dann sind da jene Gebete, die scheinbar nicht zur Kenntnis genommen werden und auf die die Antwort tatsächlich *nein* oder *vielleicht* lautet: Manchmal geschieht dies, wenn man alles der Vorsehung überläßt und selbst nicht die Initiative ergreift, etwa sich vom Alten zu lösen, um Raum für das Neue zu schaffen. In anderen Fällen wußte Ihr Höheres Selbst, daß das Erbetene zu diesem Zeitpunkt nicht zu Ihrem Besten war, und so wurde Ihre Bitte »auf Sparflamme gestellt«, bis die Zeit dafür reif geworden ist. Wenn Sie sich erst innerlich entwickeln müssen, damit Ihre Bitte erfüllt werden kann, sollten Sie damit beginnen, sich aller negativer Emotionen zu entledigen. Die Unendliche Intelligenz wird warten, bis Sie für die Erfüllung Ihrer Bitte reif sind, denn sie bestimmt die Ordnung dieses Universums.

Oft glauben Menschen, daß ihre Gebete nicht erhört wurden, weil sie das Erbetene nicht erhalten. Tatsächlich aber hat der Höchste Geist Ihre Gebete erhört, wenngleich nicht in der Weise, wie Sie es erwarteten. Da bittet beispielsweise jemand darum, eine Million Mark in der Lotterie zu gewinnen: er gewinnt die Million zwar nicht, aber ihm wird eine Idee eingegeben, die eine Million Mark wert ist. Sein Gebet wurde also erhört, eben nur nicht in der Weise, wie er sich das vorgestellt hatte. Möchten Sie dafür beten, daß sich eine Situation oder eine bestimmte Angelegenheit wandelt, so ist die folgende Methode empfehlenswert: Bitten Sie darum, daß die Erfüllung Ihres Wunsches alle Beteiligten zufriedenstellt. Denken Sie daran: Wenn Sie etwas erhalten, um das Sie gebeten haben, muß ein anderer notwendigerweise darauf verzichten, und wenn sich Ihr Gebet erfüllt, könnte dies Ihr Glück vielleicht später vermindern.

Auf welche Weise Ihr Höheres Selbst Ihr Gebet auch erhören mag, Sie müssen darauf vorbereitet sein. Vertrauen Sie Ihrem Höheren Selbst, um erkennen zu können: Ein *Nein* bedeutet, daß Ihr Wunsch nicht mit dem für Sie Notwendigen in Einklang steht. Auch in dieser Situation ist es erforderlich loszulassen, damit der Höchste Geist wirken kann. Denken Sie daran, wie Jesus auf dem Ölberg betete: »Aber nicht mein, sondern dein Wille soll geschehen.« Lernen Sie geduldig zu sein, damit Sie es freudigen Herzens hinnehmen können, wenn die Zeit noch nicht reif ist, daß Ihre Bitte erfüllt wird, oder Sie noch innerlich wachsen müssen. Stärken Sie Ihren Glauben in Ihr Höheres Selbst, so daß Sie das, worum Sie gebeten haben, zu Ihrem Besten nutzen können. Mit anderen Worten: Sie müssen vorbereitet sein, das zu erhalten, worum Sie bitten. Und dies ist nicht immer einfach, wie die folgende Geschichte aus Catherine Ponders Buch *Bete und werde reich* veranschaulicht. Ein katholisches Mädchen verliebte sich in einen Protestanten und wollte ihn gern heiraten. Da sie aber verschiedenen Glaubensbekenntnissn angehörten, bat das Mädchen seine Mutter, mit ihm im Gebet Hilfe zu suchen. Und so begannen beide zu beten.

Während der ersten Woche, in der sie beteten, ging der junge Mann, den das Mädchen heiraten wollte, an der katholischen Kirche ihrer Gemeinde vorbei. Das ermutigte Mutter und Tochter, und so beteten sie weiter. In der zweiten Woche ging der junge Mann nicht nur an der Kirche vorbei, sondern schaute auch hinein. Die dritte Woche brach an, und sie beteten und beteten. Der junge Mann betrat die Kirche und setzte sich in einer Bank nieder. Mutter und Tochter setzten ihr Gebet fort.

Als in der vierten Woche die Hoffnungen und Träume der Frauen vor der Erfüllung zu stehen schienen und ihre Gebete immer inbrünstiger wurden, berichtete der junge Mann dem Mädchen, er habe sich mit ihrem Priester unterhalten. Das machte sie sehr glücklich. In der fünften Woche verkündete er seinen Entschluß, ihrer Kirche beizutreten, doch die sechste Woche des Betens brachte eine große Überraschung. Unter Tränen erzählte das Mädchen seiner Mutter: »O Mama, wir haben zu viel gebetet. Nun wird er Priester.«

Unsere Bitte wird manchmal zwar erfüllt, doch weit über das Maß hinaus, das wir erwarteten. Wir haben also, als wir zu beten begannen, nicht die ganze Reichweite unserer Bitte erkannt. Darüber hinaus zeigt es, daß wir uns beim Beten stärker entspannen und loslassen müssen, damit der Höchste Geist wirken kann.

Meine Schwester Wanda affirmierte einmal, sie würde mit ihren Heimdekorationsartikeln wöchentlich 350 Dollar verdienen. Monate später hatte sie zahlreiche Partys vereinbart, um ihre Produkte zu verkaufen, und das Geschäft lief großartig. Leute riefen an und baten sie, auch bei ihnen zu Hause Partys zu veranstalten. Obwohl meine Mutter und mein Stiefvater mithalfen, die Waren auszupacken und zu überprüfen, mußte sie nun achtzehn Stunden täglich arbeiten und geriet dennoch mit ihrer Arbeit immer weiter ins Hintertreffen. Bald entdeckte sie, daß Opfer notwendig sind, damit Wünsche in Erfüllung gehen können. Sie müssen also darauf gefaßt sein, daß Sie bekommen, worum Sie bitten.

Als kürzlich eine kleine Stadt in den Südstaaten unter einer großen Trockenheit litt, rief der Bürgermeister, der gleichzeitig auch Geistlicher war, die Bevölkerung in der Kirche zusammen, um für Regen zu beten. Die Leute beteten und beteten, dann sangen sie und beteten, und plötzlich hörten sie Regen auf das Dach plätschern und sahen Regentropfen an den Kirchenfenstern herunterlaufen. Sie liefen ins Freie, küßten die Erde und dankten Gott. Als aus dem sanften Regen ein heftiger Guß wurde, kehrten die Bürger in die Kirche zurück, um Schutz zu suchen. Sie fragten sich, wie lange es wohl dauern würde, bis der Regen aufhörte, und sie nach Hause zurückkehren könnten, ohne durchnäßt zu werden. Und die ganze Zeit stand neben der Kirchentür schüchtern ein sechsjähriges Mädchen mit einem Regenschirm... die einzige, die wirklich an Regen geglaubt hatte. Ein Beispiel mehr dafür, daß man auf das vorbereitet sein muß, worum man bittet.

Ein Gebetsrad benutzen

Ich benutze in meinem täglichen Leben häufig ein Gebetsrad, und die Ergebnisse sind verblüffend. Wie Sie aus der folgenden Abbildung ersehen können, läßt sich ein Gebetsrad ganz einfach anfertigen. Sie können dieses Rad benutzen, um von Ihrem Herzen über Ihr Bewußtsein zu Ihrem Höheren Selbst zu gelangen. Lassen Sie Ihre Wünsche nach und nach Wirklichkeit werden. Fertigen Sie Ihr Gebetsrad nicht an einem Tag an, sondern vervollständigen Sie es über einen längeren Zeitraum hinweg. Setzen Sie Ihren Wunsch oder das Resultat Ihres Wunsches in die Mitte. Jede Speiche stellt einen positiven Gedanken zu dem Gewünschten dar. Die Zahl der Speichen ist beliebig, doch sollten Sie jeden Tag nur eine Speiche hinzufügen.

Affirmation: Mein Buch wird veröffentlicht. Es liegt im Sinne der göttlichen Ordnung, und Gott ist mit mir. Alles befindet sich in Harmonie

Ein Gebetsrad: Verbringen Sie täglich mindestens fünfzehn Minuten, um über Ihr Gebet nachzudenken und Ihre Affirmation zu lesen

Unter das Gebetsrad setzen Sie eine positive Affirmation wie etwa: »Ich bin ideal für diese Stellung. Es liegt im Sinne der göttlichen Ordnung, und mein Höheres Selbst ist mit mir. Alles befindet sich in Harmonie.« Konzentrieren Sie sich vor dem Zubettgehen fünfzehn Minuten auf Ihr Gebetsrad. Denken Sie über Ihre Affirmation nach. Visualisieren Sie sie, empfinden Sie sie, erkennen Sie, daß Ihr Wunsch in Erfüllung geht, wenn er sich in Einklang mit den Plänen des Höchsten Geistes befindet. Wenn Sie Ihr Gebetsrad nicht benutzen, so bewahren Sie es gut auf, damit nicht negative Schwingungen anderer Ihren Wunsch beeinflussen.

Beten Sie, wenn Sie Ihr Gebetsrad verwenden, schweigend. Sprechen Sie nicht mit anderen über den Gegenstand Ihres Gebetsrades, denn deren negative Gedanken könnten die Realisierung Ihres Wunsches verhindern. Außerdem würde Ihre Idee auf diese Weise im Universum verteilt. Die unkontrollierten Gedanken anderer Menschen verstreuen Ihre Idee im gesamten Universum, statt alle Energien darauf zu konzentrieren.

Bei der Verwendung eines Gebetsrades spielt die Kunst der Imagination eine große Rolle. Wenn es Ihnen gesundheitlich nicht gutgeht, werden Sie sich – während Sie Ihr Gebetsrad benutzen – vor Ihrem geistigen Auge gesund und heil sehen wollen. Falls Ihre Schulden größer sind als Ihr Guthaben, stellen Sie sich das benötigte Geld vor, und visualisieren Sie, wie Sie mit dem Geld Rechnungen bezahlen. Durch Imaginieren dessen, auf das Sie sich konzentrieren, können Sie größere Energien erzeugen und an Ihr Höheres Selbst senden, um die erwünschten Dinge Wirklichkeit werden zu lassen.

Mein erhörtes Gebet

Bevor ich dieses Buch zu schreiben begann, machte ich eine schwere Zeit durch. Meine Arbeitsbelastung hatte sich verdoppelt, und ich suchte verzweifelt nach einer Lösung, doch erreichte nichts. Ich betete und rief eine Gebetspartnerin an, um sie zu bitten, mit mir zu beten. Und doch konnte ich mich nicht befreien. Die Woche verstrich, und ich wurde immer verzweifelter. Ich betete weiterhin, daß mir die richtigen Gedanken und Formulierungen einfallen würden.

Mein Höheres Selbst beantwortete mein Gebet, indem es mir ein Buch von Dr. Robert Schuller* in die Hand gab, und als ich das Buch aufschlug, geschah ein Wunder. Auf der ersten Seite las ich, daß jeder, der in ein vitales und aufregendes Leben voller neuer Möglichkeiten und dynamischen Potentials geführt wird, heute voller Begeisterung dem Morgen entgegenblicken kann. Und genau das geschah gerade mit mir. Ich wurde in ein neues und aufregendes Leben geführt. Warum also lief ich vor dieser Situation davon? Warum konnte ich mich nicht stärker begeistern? Mein Leben hatte begonnen, sich zu wandeln, und mein Horizont erweiterte sich. Mir war eine wöchentliche Fernsehshow in meiner Heimatstadt angeboten worden und noch dazu eine Serie im Kabelfernsehen.

Schließlich erkannte ich, daß ich trotz all meines spirituellen Denkens immer noch von sehr viel Angst beherrscht wurde... nicht Angst vor dem Erfolg, sondern Angst, den inneren Frieden zu verlieren, den ich mir so hart erarbeitet hatte. Mit Dr. Schullers Affirmation, daß ein phantastisches Morgen auf mich wartete, begann ich positiv in die Zukunft zu blicken. Ich trug meine Träume und Verpflichtungen in sein Buch ein. Nach wenigen Monaten begannen diese Träume in meinem Leben Wirklichkeit zu werden. Ich empfehle Dr. Schullers Buch jedem, der suchend ist, so wie ich es war. Es gab mir die Kraft, mich wieder meinem Leben zuzuwenden und meine Zukunft anzupacken. Nachdem ich Ihnen nun meine Vorstellungen über das Beten, welches eine Zeit des Bittens ist, dargelegt habe, möchte ich Ihnen zeigen, wie man meditiert, denn Meditation ist eine Zeit des Empfangens.

---

* Schuller, Robert: Living Positively One Day at a Time. Old Tappan 1981 (Deutsch: Oesch 1982).

ACHTES KAPITEL

DIE SANFTE, LEISE STIMME IN IHNEN

Nehmen Sie sich jeden Tag etwas Zeit, um mit Ihrem Höheren Selbst zusammen zu sein. Reservieren Sie sich eine bestimmte Zeit, damit Sie hören können, was der Prophet Elias ein sanftes, leises Säuseln* nannte. Verabreden Sie sich täglich für eine halbe Stunde mit Ihrem Höheren Selbst. Wenn Sie es erst beherrschen zu meditieren, werden Sie feststellen, daß alle Ihre Probleme sich in ein Nichts auflösen. Sie werden nicht mehr den Zorn, die Ungeduld, Depression oder Angst spüren wie einst. Durch Erlangen klarerer Einsichten werden Sie fähig sein, sich von belanglosen Dingen zu lösen und Ihr Leben zu ordnen.

Entdecken Sie die Kunst, Gott zuzuhören

Ich entdeckte die Macht der Meditation ganz zufällig. Zwar betete ich aus Gewohnheit, doch mit wenig Zuversicht. Ich war es gewohnt zu bitten, aber nicht zuzuhören. Dann geschah es eines Tages, daß ich mich aufgrund meiner ständigen Schmerzen sehr niedergeschlagen fühlte. Ich war deprimiert und einsam. Plötzlich begann ich zu beten und ganz leise mit meinem Höheren Selbst zu sprechen. Weil mir nach Weinen zumute war, atmete ich einige Male tief durch, denn ich wußte, daß dies manchmal die Tränen zurückhält. Während ich betete, atmete ich ein, hielt die Luft an und atmete wieder aus, bis ich mich entspannter fühlte.

Auf einmal empfand ich ein Gefühl der Wärme in meiner Brust... es war ein schönes Gefühl! Hatte ich Verbindung mit

---

* Was in deutschen Bibelübersetzungen zumeist als Sausen oder Säuseln übersetzt ist, heißt manchmal auch – wie im Englischen – »Stimme«.

meinem Höheren Selbst aufgenommen? Ich schloß die Augen und lernte die größte Lektion meines Lebens: warum Gott uns zwei Ohren und einen Mund gegeben. Ich hörte zu sprechen auf und lauschte. Zunächst war da nichts als Stille. Dann empfand ich eine Wärme, die mich vom Scheitel bis zur Sohle durchdrang. Ich spürte, wie alle Last von meinen Schultern genommen wurde. Ich atmete kaum, und doch hörte ich, wie mein Atem sanft und ruhig ging.

Mit jedem Atemzug durchströmte größerer Frieden meinen Körper. Ich fühlte, wie all die negativen Gefühle verschwanden, die ich zuvor empfunden hatte. Mein Herz war mit einem wunderbaren Gefühl vollkommenen Friedens erfüllt. Ich fühlte mich erneuert und versank in Meditation, in einen Zustand der Leere. Ich konnte meinen Atem hören, und zum erstenmal wurde ich mir bewußt, daß ich mehr wußte, als sichtbar und hörbar ist. Mein Höheres Selbst, mein intuitives Ich wurden lebendig. Mein Wissen um Vergangenheit, Gegenwart und Zukunft erweiterte sich.

Ich kehrte nun jeden Tag in den gleichen Raum zurück und setzte mich nieder. Ich lernte zu warten, die Ruhe zu spüren und auf eine innere Stimme zu lauschen, die zu mir sprach. Kein Mensch könnte mich je lehren, was ich in dieser Zeit lernte. In jener Stille begann mein inneres Wachstum, und in mir wurde eine Kraft freigesetzt. Mit jedem Atemzug wußte ich, daß die Unendliche Intelligenz von mir Besitz ergriff, und ich spürte, wie sie mein Sein erfüllte. So wie Adam lebendig geworden war, als Gott ihm seinen Odem eingab, so geschah es auch mir. In meiner inneren Welt hatte ich nicht existiert, nun aber war ich lebendig geworden.

Tag für Tag kehrte ich zu jenem Moment der Stille und des Empfindens der göttlichen Liebe zurück, die ich erfahren hatte, zu einer Wärme, die mein ganzes Sein durchdrang. Und jedesmal, wenn ich den Raum wieder verließ, war ich von einem Verlangen erfüllt, anderen Menschen zu helfen. Als ich überlegte, wie ich mehr tun könnte als bisher, erhielt ich eine Antwort. Mein spirituelles Bewußtsein erwachte, und ich empfand, wie die Apostel empfunden haben müssen, als Jesus sie anhauchte und sagte: »Empfangt den Heiligen Geist.«

Nachdem ich einmal gelernt hatte, mich zu entspannen, löste sich mein verkrampfter Körper, und ich konnte meditieren. Zuvor war ich beim Beten stets so angespannt gewesen, daß ich nicht mit Zuversicht beten konnte, was wiederum Mißerfolg nach sich zog. Nach und nach begann bei mir in Geist, Körper und Seele ein Heilungsprozeß einzusetzen. Die Heilung entsprang diesem entspannten Zustand, denn ich zog nur positive Kräfte auf mich.

Gleichzeitig entließ ich alle meine Schwierigkeiten, Sorgen und Zweifel aus meinem Bewußtsein. Auf diese Weise konnten die Allweisheit und der universelle Geist in mich einfließen und mich durchströmen.

Bevor ich Ihnen weitergebe, was ich über die Kunst der Meditation lernte, möchte ich zwei Konzentrationsmethoden und die Weiße-Licht-Technik behandeln, die Sie üben müssen, bevor Sie mit der Meditation beginnen können. Diese Techniken dienen dazu, um sich konzentrieren zu können und während der Meditation das weiße Licht anzurufen.

Konzentrationsmethoden

Wollen Sie meditieren, müssen Sie zuerst lernen, sich zu konzentrieren. Das Ausrichten des Geistes auf eine bestimmte Vorstellung ist vielleicht nicht einfach, denn Sie sind es gewohnt, sich ständig mit all den Kleinigkeiten des täglichen Lebens zu beschäftigen. Dennoch können Sie durch Disziplin lernen, sich auf eine bestimmte Vorstellung zu konzentrieren, und wenn Sie das einmal beherrschen, wird es Ihnen ganz leicht erscheinen. Die beiden in diesem Kapitel beschriebenen Methoden sind dabei sehr hilfreich.

Als mir mein Lehrer zum erstenmal diese Konzentrationstechniken erklärte, schloß er die Stunde mit der Bemerkung, nun solle ich nach Hause gehen und sie ausprobieren. Sowohl für die Methoden als auch für meine Konzentrationsfähigkeit war das eine echte Bewährungsprüfung, denn ich hatte zu Hause drei Kinder, und gleich neben unserem Haus lag ein Fußballfeld.

In diesem Herbst übten dort fast jeden Abend die Schulkapelle und die Cheerleaders, und anschließend fanden dann noch Spiele statt. Jedesmal, wenn ich mir eine Zeit für meine Konzentrationsübungen ausgesucht hatte, begann die Kapelle unweigerlich zu spielen, die Cheerleaders fingen zu kreischen an, oder die Schule war gerade aus, und die Schüler ließen ihren aufgestauten Emotionen freien Lauf. Wenn es mir möglich war, unter diesen Bedingungen mein Konzentrationsvermögen zu entwickeln, so werden auch Sie es schaffen.

Das Wort *konzentrieren* bedeutet, etwas in einem Punkt oder Zentrum zu sammeln. Diese Zielstrebigkeit, die Einfachheit ist es, was Jesus meinte, als er sagte: »Wenn dein Auge einfältig ist, dann wird dein ganzer Körper hell sein.« Im Alten Testament mehrte Elias durch Konzentraion das Mehl und Öl der Witwe. Wenn Sie sich konzentrieren, dann richten Sie Ihr Bewußtsein auf einen Punkt, so daß Sie nur noch an eine Sache denken, beispielsweise an den Mond. Beginnen Ihre Gedanken zu Ihrem Kind oder Ihren Geschäften abzuschweifen, lenken Sie – sobald Sie sich dessen gewahr werden – Ihre Gedanken wieder zum Mond zurück. Konzentrieren Sie sich ununterbrochen auf eine Vorstellung.

Während Sie die Kunst der Konzentration erlernen, werden Sie Ihren Geist immer wieder auf das Bild zurücklenken müssen, auf das Sie sich konzentrieren. Durch diesen Vorgang wird eine tief in Ihnen befindliche Energie erschlossen, die nie zuvor angetastet worden ist. Diese Energie wird im unteren Bereich Ihres Bewußtseins einen Strom zum Fließen bringen, der nach oben emporsteigt, und dann geschehen wunderbare Dinge: Alte Gefühlsblockaden werden sich nach und nach auflösen, und Angst, Mutlosigkeit und Zweifel aus Ihrem Leben verschwinden. Wenn Sie einmal der Konzentration fähig sind, werden diese negativen Gefühle auch nicht mehr zurückkehren. Sie setzen die unwahrscheinlichen Kräfte Ihres Bewußtseins, Ihres Unterbewußtseins und des Höchsten Geistes in Gang.

Üben Sie Ihr Konzentrationsvermögen zunächst drei Minuten pro Tag, und dehnen Sie Ihre Übungen dann allmählich auf fünfzehn Minuten aus. Die meisten Menschen, die meditieren wollen, erzählen mir meistens als erstes, sie besäßen nicht genügend Willensstärke, um zu lernen, wie man sich konzentriert. »Ich kann einfach nicht so lange dasitzen«, sagen sie. »Fünfzehn Minuten sind einfach zu viel. Ich werde ganz kribbelig.« Menschen, die so reden, sind sicher, daß sie nicht lernen werden, sich zu konzentrieren. Und wenn sie natürlich *denken*, sie könnten es nicht, dann schaffen sie es auch nicht. Doch wenn ich dazu in der Lage bin, können Sie es auch. Ich bin jemand, der rasch denkt, der immer in Bewegung ist und ununterbrochen etwas tun möchte. Untätigkeit liegt mir nicht, und doch habe ich die Kunst der Konzentration erlernt. Millionen Menschen haben sie erlernt, also können auch Sie es schaffen.

Sind Sie einmal fähig, voll konzentriert zu meditieren, werden Sie sicher feststellen, daß Ihr Geist insgesamt sehr viel klarer und schärfer reagiert. Sie kommen rascher zu Lösungen und Ergebnissen, weil Sie begonnen haben, Ihren Geist zu trainieren. Wissenschaftler, die sich der Erforschung des Geistes gewidmet haben, sagen, die meisten von uns würden ihre geistigen Kräfte verschwenden und nur einen Bruchteil ihrer Fähigkeit nutzen, weil es uns unser zerstreutes Denken nicht erlaubt, in unserem Innern nach dem, was wir brauchen, zu suchen. Dies ist etwa so, als wenn man einen zwei Meter hohen Stapel Papier nach einer Antwort durchwühlen muß, statt sie in einem Aktenordner in einem zwei Meter hohen Aktenschrank zu suchen. Kein Wunder, daß wir immer so schnell aufgegeben haben!

Nun zur zweiten Konzentrationstechnik, die Sie lernen müssen: Hier starren Sie mindestens zwei Minuten auf einen Punkt, ohne daß Ihre Augen angestrengt sein dürfen. Malen Sie einen Punkt wie in Abbildung auf Seite 135 gezeigt. Umfahren Sie dazu mit einem Bleistift auf einem DIN-A4-Blatt ein Zweipfennigstück, und füllen Sie dann die Fläche mit einem dunklen Stift aus. Hängen Sie den Punkt etwa in drei Metern Entfernung in Augenhöhe auf, und beginnen Sie darauf zu starren. Anfangs werden Sie blinzeln, es ist jedoch wichtig, daß Sie es *nicht* tun. Vielleicht scheint es Ihnen, als würde der Punkt sich auf und ab bewegen, oder Dinge um den Punkt herum beginnen zu verschwimmen. Starren Sie mehrmals täglich auf den Punkt. Beginnen Ihre Augen zu tränen, hören Sie auf, warten einige Stunden und versuchen es dann noch einmal. Zweiwöchige Übung wird Ihnen helfen, Konzentration zu erlernen.

Die Weiße-Licht-Technik

Bevor Sie mit dem Erlernen der einfachen Entspannungstechniken beginnen, nehmen Sie sich täglich etwa fünfzehn Minuten Zeit, um das weiße Licht des Höchsten Geistes anzurufen. Buddha lehrte, daß uns ein Strom voller Frieden durchfließt; wenn Menschen einmal gelernt hätten, ihn zu invozieren, seien sie unverwundbar. Nach Konfuzius kann derjenige, der diese besondere göttliche Kraft nutzt, mit seinen Brüdern und Schwestern nie wieder unfreundlich sprechen oder sie unfreundlich behandeln.

Hiob bezeichnete diese magnetische Energie als den Geist in uns, Jesus nannte sie das Reich Gottes in uns, und Paulus sagte, es sei Christus in uns, die Hoffnung auf die Herrlichkeit Gottes. Die Mystiker der alten Zeit bezeichneten diese Kraft als das weiße Licht Gottes, und manche Religionen nennen sie Heiliger Geist. Wissenschaftler haben diese Kraft als eine intelligenzbegabte elektrische Energie beschrieben, eine Lichtschwingung, die jede

Zelle unseres Wesens erfüllt. Doch wie Sie das weiße Licht auch nennen, Sie brauchen nur eines zu wissen: Wenn Sie sich entspannen, können Sie Verbindung mit ihm aufnehmen.

Haben Sie gelernt, das weiße Licht anzurufen, werden Sie merken, daß diese Kraft unfaßbare Fähigkeiten besitzt – das weiße Licht des Höchsten Geistes umgibt Sie und schützt Sie, Ihre Kinder und Ihr Heim. Bitten Sie darum, daß das Licht in Sie einfließt, Sie heilt und jede Zelle Ihres Körpers durchdringt.

Stellen Sie sich zunächst in die Mitte eines Raumes. Atmen Sie einige Male tief durch, um Körper, Geist und Seele zu reinigen. Dann betreten Sie den Tempel Ihres Höheren Selbst. Stimmen Sie sich auf diese Kraft im Universum ein, die Ihren Körper und Geist erneuern, inspirieren und emporheben wird. Richten Sie dabei Ihre Handflächen nach oben. Bitten Sie, daß das weiße Licht in Sie einströmt. Wenn diese magnetische Energie in Ihren Körper einfließt, beginnen Ihre Hände warm zu werden. Sollten Sie das weiße Licht am Anfang noch nicht spüren, so versuchen Sie es weiter. Visualisieren Sie, daß Sie von der Wärme des weißen Lichtes umgeben sind, und schließlich werden Sie sie auch fühlen.

Menschen, die um das weiße Licht der Liebe bitten, empfangen oft Heilung. Sie haben wahrscheinlich schon gesehen oder gehört, daß Menschen während eines »Heilgottesdienstes« regelrecht »erschüttert« wurden, als das weiße Licht des Heiligen Geistes in sie einströmte, einen geistigen oder mystischen Tod starben und bewußtlos umsanken.

Das weiße Licht ist da, und Sie können es anrufen, indem Sie lernen, sich durch Gebet und Meditation auf die Stille in Ihnen einzustimmen. Sie werden spüren, wie eine spirituelle Ruhe in Ihre Seele einströmt. Wurde Ihnen diese innere Stimme einmal geschenkt, werden Sie ohne sie keine Zufriedenheit mehr finden. Und mit jedem Tag, an dem das Licht und die Energie Ihres Höheren Selbst durch Ihren Körper fließen, wird Ihre Welt friedvoller. *Sie* werden friedvoller.

Meditation

Wenn Sie die Konzentrationsmethoden und die Weiße-Licht-Technik beherrschen, so ist der nächste Schritt die Meditation. In den meisten Fällen wird es etwa einen Monat dauern, bis sich Ihr Konzentrationsvermögen ausreichend entwickelt hat. Viel hängt davon ab, wie gut Sie sich bereits konzentrieren konnten, bevor Sie dieses Buch in die Hand nahmen. Haben Sie diese Lernphase der Konzentration und Entspannung erfolgreich abgeschlossen, sind Sie vorbereitet, um mit der Meditation beginnen zu können.

Nehmen Sie sich in der Meditation Zeit zu lernen, wie Sie mit Ihrem Höheren Selbst in Verbindung treten. Während der Meditation ist Ihre Aufmerksamkeit nicht nach oben oder außen, sondern nach *innen* gerichtet. Sie begeben sich in Ihren Tempel, um dort Ihrem Höheren Selbst zu begegnen..., damit die göttlichen Ideen und Kräfte in Ihnen freigesetzt werden.

Zeit und Ort. Wählen Sie einen ruhigen Platz und eine Tageszeit, wo Sie dreißig Minuten ungestört sind. Nach Möglichkeit sollten Sie nicht zu spät meditieren, denn sonst entspannen Sie sich vielleicht so sehr, daß Sie einschlafen. In welchem Raum Ihres Hauses Sie meditieren, steht Ihnen vollkommen frei. Falls sich in dem Raum ein Telefon befindet, legen Sie den Hörer neben die Gabel. Besteht die Gefahr, daß Sie gestört werden, hängen Sie ein Schild an die Tür »Ich meditiere«, um alle im Haus Anwesenden daran zu erinnern. Darüber hinaus müssen Sie sich zum Meditieren in der richtigen Gemütsverfassung befinden. Sie dürfen weder aufgeregt noch übellaunig oder feindselig gestimmt sein. Vergessen Sie nicht, Sie wollen Ihrem Höheren Selbst begegnen.

Zum Meditieren können Sie sich auf einen Stuhl oder den Boden setzen oder auch auf ein Bett oder die Erde legen. In einer bequemen Haltung ist es sehr viel leichter, daß Ihre Gedanken nicht durch Ihren Körper abgelenkt werden. Beengende Kleidungsstücke, Gürtel, Krawatten, BHs sollten Sie lockern. Vielleicht möchten Sie sich auch mit einer Decke oder einem Laken zudekken, damit Sie während der Meditation nicht zu frieren beginnen. Ziehen Sie Ihre Schuhe aus, und bewegen Sie die Zehen. Ihre Füße sollten – etwa mit fünfzehn Zentimeter Abstand – flach auf dem Boden ruhen. Strecken Sie Ihre Wirbelsäule, und entspannen Sie die Nackenmuskulatur. Legen Sie Ihre Hände gefaltet in den Schoß oder mit den Handflächen nach oben auf die Oberschenkel. Schließen Sie die Augen, lassen Sie den Kopf ein wenig nach vorn sinken, und entspannen Sie sich.

Möglicherweise ziehen Sie es aber vor, im Lotussitz auf dem Boden zu sitzen, doch denken Sie dann daran, Ihren Rücken gerade zu halten – Sie können sich an einen Stuhl oder eine Wand anlehnen – während der Kopf auf Ihrer Wirbelsäule »schwebt«. Ihre Hände legen Sie nach oben oder unten gerichtet auf die Knie. Schließen Sie die Augen, und beugen Sie Ihren Kopf ein wenig vor. Wenn Sie Ihre Beine nicht nach und nach an diese Haltung gewöhnen, kann sie sehr schmerzhaft sein, und vielleicht sollten Sie zuerst Jogaunterricht nehmen oder einige Bücher über Joga lesen, bevor Sie sie ausprobieren.

Wenn Sie lieber auf dem Bett oder dem Boden liegen, so tun Sie dies. Legen Sie sich bequem, aber gerade hin, die Hände über dem Bauch gefaltet oder bequem neben dem Körper liegend, die Handflächen nach oben gerichtet. Hingegen sollten Sie die Arme nicht über den Kopf heben oder Ihren Kopf in die verschränkten Hände legen, weil dies den Energiefluß im Körper beeinträchtigen würde. Dann schließen Sie langsam die Augen.

Entspannung. Nun sind Sie für den ersten Schritt bereit: für die Entspannung. Atmen Sie ein, und zählen Sie dabei bis fünf. Halten Sie – während Sie wiederum bis fünf zählen – den Atem an, dann atmen Sie langsam aus und zählen noch einmal bis fünf. Wiederholen Sie diese Atemübung dreimal. Sollten Sie sitzen, so lehnen Sie sich während dieser Übung nicht an.

Vielleicht möchten Sie dann eine Selbsthypnose oder Autosuggestion durchführen, um die Verkrampfungen in Schultern, Rücken, Nacken und Geist zu lösen. Richten Sie mit geschlossenen Augen Ihre gesamte Aufmerksamkeit auf den linken Fuß. Spüren Sie, wie er schwer wird. Sagen Sie ihm, er soll sich entspannen und loslassen. Verfahren Sie mit Ihrer linken Wade und anschließend mit Ihrem linken Oberschenkel ebenso. Wenn sich Ihr linkes Bein ganz müde anfühlt, sind Fuß, Wade und Oberschenkel auf der rechten Seite an der Reihe. Lösen Sie alle Verkrampfungen und lassen Sie los. Fahren Sie nun fort, Rücken, Unterleib, Magenbereich, Brust, Schultern, linken Arm und linke Hand, rechten Arm und rechte Hand, Nacken, Gesicht und Augenmuskulatur zu entspannen. Ihre Zunge sollte im Unterkiefer liegen, Ihr Mund leicht offenstehen und ebenso unverkrampft sein wie im Schlaf. Während Sie Ihren Körper entspannen, sagen Sie sich immer wieder: »Ich entspanne mich. Meine Beine werden locker, meine Arme werden locker, und mein Gesicht entspannt sich. Mein ganzer Körper ist entspannt.« Empfinden Sie Schwerelosigkeit. Stellen Sie sich vor, Sie wären ein Stück Butter, das in einer Pfanne zerschmilzt.

Während Sie ganz still dasitzen, beginnen Sie sich auf ein Bild oder Ideal zu konzentrieren, vielleicht etwas, was Sie in Ihrem Leben erreichen möchten, wie Demut oder eine positive Geisteshaltung. Oder möglicherweise wollen Sie sich in diesem Augenblick auch auf eine persönliche Affirmation konzentrieren (oder eine Affirmation aus dem neunten Kapitel), die Ihre Bedürfnisse ausdrückt.

Loslassen. Der zweite Schritt in der Kunst der Meditation ist das Loslassen. Denken Sie an *Loslassen,* und tun Sie genau das. Lassen Sie von all Ihrem Kummer, Ihren Sorgen und Spannungen los. Lösen Sie sich von Ihren Ängsten und allen negativen Gedanken, die Sie vielleicht hegen, von Ihren Befürchtungen und Zweifeln. Lösen Sie sich von Ihren Problemen und Gefühlen der Hilflosigkeit, des Selbstmitleids, der Selbstkritik und der Selbstfixierung, von allen Frustrationen, Konflikten und Langeweile. Atmen Sie positive Gedanken ein und negative Gefühle aus, während Sie einige Male tief einatmen, den Atem anhalten und wieder ausatmen.

Visualisieren Sie eine Öffnung in Ihrem Scheitel. Durch diese Öffnung strömt das weiße Licht der Liebe in Ihren Körper ein. Und während es in Ihren Kopf einströmt, beseitigt es alle negativen Gedanken und Spannungen, an denen Sie noch festhalten. Wenn das weiße Licht Ihre Schultern erreicht, nimmt es allen Streß, alle Lasten, Verkrampfungen und jegliche Verwirrung in Ihrem Leben auf. Alle diese negativen Dinge werden fortgeschwemmt, wenn das weiße Licht der Liebe, der Harmonie und des Friedens durch Ihren Körper fließt. Spüren Sie, wie dieses weiße Licht Ihren ganzen Körper durchströmt, bis hinunter zu den Füßen. Und während es strömt, nimmt es alles Negative mit sich.

Schweben. Der dritte Schritt in der Kunst der Meditation ist, ein Gefühl des Schwebens zu erleben. Beginnen Sie dahinzutreiben und zu schweben. Fühlen Sie sich frei, ruhig und friedvoll. Während Sie dahinschweben, denken Sie an blauen Himmel und bauschige weiße Wolken. Stellen Sie sich das Meer vor, und wie beruhigend die Wellen sind, die sanft gegen das Ufer plätschern. Schweben Sie weiter, und beginnen Sie wieder zur Erde zurückzukehren. Vielleicht imaginieren Sie, daß Sie langsam an einem Fallschirm nach unten schweben. Begeben Sie sich immer tiefer und tiefer, bis Sie schließlich unten ankommen.

Das Höhere Selbst finden. Der vierte Schritt in der Kunst der Meditation beginnt, wenn Sie unten angekommen sind, im Tal des Friedens, wo Sie Ihr Höheres Selbst finden können. Erblicken Sie vor Ihrem geistigen Auge Ihr ganz besonderes, ruhiges Tal... einen Ort, frei von den Sorgen des Lebens. In diesem Tal treffen Sie Ihr Höheres Selbst. Begrüßen Sie Ihr Höheres Selbst mit Ihren eigenen Worten, oder benutzen Sie Affirmationen wie diese: »Ich bin vollkommen, und die Kraft des Höchsten Geistes ist in mir« und »Ich bin. Ich brauche es nicht zu verstehen, ich weiß nur, daß es so ist. Die Unendliche Intelligenz strömt durch mein Bewußtsein und ist in meinem Körper. Ich bin grenzenlos in dem, was ich durch diese Kraft zu tun vermag. Ich bin von Freude erfüllt und vollkommen. Ich bin voller Liebe und Glück.« Dann lassen Sie Stille in sich einfließen und sagen: »Ich bin das Glück.«

Wenn Sie diesen Punkt erreicht haben, lassen Sie Ihre Gedanken hinein- und hinausschweben, und schließlich verschwinden diese Gedanken. Sie werden einen sehr friedvollen, einen schlaf-ähnlichen Zustand erreichen, der dennoch ein Wachzustand ist. Am Ende Ihrer Meditation gehen Sie langsam aus dem Tal des Friedens hinaus und nehmen wieder Verbindung mit Ihrem bewußten Ich auf. Öffnen Sie Ihre Augen, und strecken Sie sich.

Nach einer dreißigminütigen Meditation werden Sie sich so ausgeruht fühlen wie nach sechs Stunden Schlaf. Falls Sie länger als eine halbe Stunde meditieren, schlafen Sie aber vermutlich ein. Durch Konzentration können Sie innerhalb einer halben Stunde alle Phasen durchschreiten, um den Körper zu entspannen, loszulassen, zu schweben und den Höchsten Geist aufzunehmen.

Dies ist eine sehr einfache Meditation, eine Möglichkeit, sich mit der Stille in Einklang zu bringen. Wenn Sie diese Ruhe, diese friedvolle Stille einmal erreicht haben, werden Sie dort nichts vorfinden. Es ist eine Leere, und wenn Sie sie wieder verlassen, so werden Sie ein Gefühl des Friedens empfinden, das tief aus Ihrem Innern kommt.

Meditation ist eine Zeit des Empfangens, Gebet eine Zeit des Bittens. Wenn Sie meditieren, so bitten Sie um nichts – hören Sie auf Ihr Höheres Selbst. Dies ist eine Zeit, um Kraft und Wahrheit zu empfangen. Wollen Sie die Wahrheit über eine bestimmte Situation erfahren, so konzentrieren Sie sich darauf, setzen dann die Meditation fort, lösen sich und lassen los, damit sich die Unendliche Intelligenz Ihrer annehmen kann, während Sie meditieren. Für manche Menschen ist es eine Hilfe, wenn sie ihr Gebet oder den Gegenstand ihrer Konzentration aufschreiben, bevor sie mit der Meditation beginnen.

Erst in der Stille offenbart sich die Wahrheit, nicht, solange Sie noch denken. Auch wenn in der Stille nichts zu geschehen scheint und Sie weder großartige Eingebungen empfangen noch Führung erhalten, werden Sie – durch Üben der Stille – feststellen, daß Sie mitunter einige Stunden später eine Eingebung bekommen. Manchmal werden Sie die Lösung Ihres Problems sofort nach der Meditation finden, ein andermal wird sie zwei Tage auf sich warten lassen. Und da ich nie weiß, wann ich Eingebungen erhalte, trage ich stets einen Block und einen Stift bei mir, damit ich vorbereitet bin, wenn plötzlich der Strom der Eingebungen einsetzt. Auch im Auto und neben meinem Bett habe ich Block und Bleistift liegen, und vielleicht wollen Sie es ebenso halten.

Zu den unvorhergesehenen Nebenwirkungen der Meditation gehört bei vielen Menschen, daß sich ihre telepathischen Fähigkeiten wie auch Hellhörigkeit und Hellsichtigkeit entfalten oder verstärken.

Das Erlernen der Kunst braucht seine Zeit. Fühlen Sie sich nicht entmutigt, wenn Sie nicht gleich Erfolg haben. Die Fähigkeit zur Meditation läßt sich nicht in wenigen Wochen erwerben, sie braucht Zeit zur Entwicklung, sie erfordert Übung. Denken Sie daran, daß Sie in der Zeit der Stille, während Sie meditieren, sich darum bemühen, Ihren Geist von allen Gedanken freizumachen. Sie versuchen nicht mehr zu denken, zu handeln, zu erlangen oder zu besitzen. Sie *sind* einfach nur. Dies ist die wahre Kunst und Ihr Ziel. Vielleicht möchten Sie zum Erlernen der Meditation eine Meditationskassette verwenden, durch die Sie sich entspannen können und in eine einfache Meditation geführt werden.

Schon in den frühen Stadien Ihrer Meditationsübungen werden Sie feststellen, daß Sie sich sehr viel energiereicher, begeisterungsfähiger und liebevoller, aber auch ausgeglichener fühlen. Hatten Sie zu einem früheren Zeitpunkt des Tages mit Ihren Kindern geschimpft, so werden Sie jetzt nicht mehr Ihre Stimme erheben wollen. Es wird leichter sein, mit Ihnen auszukommen, und Sie werden anderen Menschen helfen wollen, da Sie sich auf die göttliche Kraft Ihres Höheren Selbst einstimmen. Je mehr Sie aus Ihrer Quelle schöpfen, um so mehr werden Sie zu der Quelle selbst. Darüber hinaus werden Sie Ihrer nächsten Meditation mit Freude entgegenblicken. Sie wird zu einer segensreichen Angewohnheit werden, für dreißig Minuten pro Tag.

Im folgenden Kapitel finden sich Affirmationen, die sich als Gebete und für Meditationen verwenden lassen, oder um negativen Schwingungen von Menschen, die Sie umgeben, entgegenzuwirken. Diese Affirmationen decken viele Bereiche und Situationen ab. Sie werden Ihnen helfen, inneren Frieden zu erlangen.

Neuntes Kapitel

Affirmationen

Eine Affirmation ist eine Feststellung, daß etwas wahr ist. Wenn Sie diese Feststellung machen, glaubt Ihr Unterbewußtsein an ihre Richtigkeit. Und benutzen Sie eine Affirmation immer und immer wieder, so wird sie sich als Wahrheit in Ihrem Leben manifestieren. Erinnern Sie sich, daß ein Gedanke etwas Reales ist. Gedanken, die Sie ins Universum ausschicken, werden schließlich wieder in Ihrem Leben erscheinen. Schicken Sie positive Gedanken aus, so stellt sich Positives ein. Wenn Sie Ihre Wunschvorstellungen in Gedanken bewußt und beharrlich affirmieren, werden sie Eingang in Ihr Unterbewußtsein finden und sich schließlich realisieren.

Sie können Affirmationen nicht nur während Gebet und Affirmation benutzen, sondern auch, um eine positive Gemütsverfassung zu wahren, wenn Sie von Angst und Zweifeln befallen werden. Wiederholen Sie in diesem Fall die Affirmation so lange, bis Sie sich wieder beruhigt haben. Wiederholen Sie eine Affirmation, können Sie Ihr Unterbewußtsein davor bewahren, Negatives aufzunehmen, das sonst zu einem späteren Zeitpunkt Ihres Lebens wieder in Erscheinung treten würde.

Ein Heilgebet

Bevor Sie beginnen, die im ersten Kapitel beschriebene Affirmationstechnik anzuwenden, sprechen Sie das folgende Heilgebet: *O Höheres Selbst, du, das du alle meine Gedanken liest und jeden Winkel meines Bewußtseins kennst, prüfe mich nun und erkenne mein Herz. Gehe mit mir zurück durch all die düsteren Zeiten meines Lebens und wirf Licht auf alles, was noch im dunkeln liegt. Ich bitte, in diesem Augenblick, an diesem Tag neugeboren zu werden. Ich bitte, daß du all die Leiden heilen mögest, die mir in meinem Leben vielleicht zugefügt wurden. Tilge alles Negative in meinem Dasein und laß mich erkennen, daß ich wahrhaft von dir geliebt werde. Erfülle mich mit einem Gefühl für dein Vorhaben und deine Liebe. Wenn ich meine Affirmationen am heutigen Tag beginne, erbitte ich dafür deinen Segen. Ich danke dir, denn alles, was ich bin, bin ich in dir. Ich bin dessen, worum ich dich bitte, wert. Ich ruhe in dir und danke dir, denn ich weiß, daß es geschehen wird. Amen.*

Affirmationen

Eine Grundaffirmation. Die folgenden Affirmationen dienen als Beispiele für Tiefe, Art und Reichweite von Affirmationen. Affirmationen wie diese sollten für jeden Bereich Ihres Lebens und Seins Anwendung finden.
Diese Grundaffirmation wird Ihre täglichen persönlichen Affirmationen stärken:
»Ich bringe nun eine neue Kraft zum Fließen, die in meinem Leben einen stetigen Strom von Liebe, Gesundheit und Glück erzeugt und meine potentiellen Begabungen und Fähigkeiten freisetzt.«

Um sich selbst zu akzeptieren

- Ich bin ein einzigartiger, zuversichtlicher, bedeutsamer Mensch, und mir wird in immer größerem Maß die Fülle des Lebens zuteil. Ich akzeptiere mich vollkommen und uneingeschränkt und weiß, daß alle negativen Umstände in meinem Leben die Schatten und Gedanken sind, die es nun nicht mehr gibt.
- Ich hege nur gute, positive Gedanken über mich und weiß, daß sie in meinem Leben Ausdruck finden.
- Mein Wahrnehmungsvermögen hat sich vergrößert, verbreitert und vertieft. Ganzheit, Schönheit, Freude, Erfolg, Erfüllung und Selbstvertrauen erfüllen nun meinen Geist.

- Ich bin vollkommen, ich bin ganz, ich bin ein Kind Gottes.
- Ich genieße das Leben, die Menschen und mich selbst und koste jeden Augenblick des Lebens voll aus, ohne Schuldgefühle, Selbstkritik oder das negative Urteil anderer anzunehmen.
- Was ich gestern war, existiert nicht mehr. Was ich heute bin, das zählt.

Wann immer Sie Affirmationen für Ihre Weiterentwicklung benutzen, achten Sie darauf, daß Sie die Worte »Ich bin«, »Ich kann« und »Ich will« verwenden. Stellen Sie fest, daß Sie eine unbegrenzte Fähigkeit haben, zu lernen, Fertigkeiten zu entwickeln, sich für Ihre Belange einzusetzen und anderen Menschen auf fruchtbare Weise verbunden zu sein.

Für die spirituelle Entwicklung

- Jeden Tag will ich in jeder Hinsicht ein besserer Mensch werden.
- Ich handle anders, weil ich anders bin. Täglich will ich wachsen.
- Ich bin frei vom Bewußtsein persönlicher Grenzen, Mängel, Zweifel und Minderwertigkeitsgefühle.
- Ich bin jeden Augenblick meines Lebens positiv, mutig und begeisterungsfähig. Ich weiß, daß sich meine positiven Erfahrungen ausdehnen und die negativen Erfahrungen schnell im Nichts zerrinnen, wenn ich diesen Gedanken pflege.
- Ich will Erfolg als natürliche und stetige Folge meiner umprogrammierten Geisteshaltung akzeptieren. Dieser Erfolg wird voll zum Ausdruck kommen, und ich nehme ihn freudig an.
- O Höheres Selbst, läutere mich. Schaffe in mir ein reines Herz. Erneuere mich im rechten Geist.

Lassen Sie vor Ihrem geistigen Auge ein Bild des Menschen entstehen, der Sie werden möchten. Bekräftigen Sie dieses geistige Bild mit besonderen Affirmationen.

Für die Entwicklung Ihrer Persönlichkeit

● Ich weiß, daß meine Persönlichkeit ein Spiegelbild meiner Geisteshaltung ist. Meine Geisteshaltung ist positiv. Deshalb ist auch meine Persönlichkeit positiv. Die Menschen werden positiv auf mich reagieren.

● Ich bin.......... (tragen Sie die Eigenschaft ein, die Sie Ihrer Ansicht nach unbedingt entwickeln müssen: zuversichtlich, heiter, begeisterungsfähig, ausgeglichen, aufrichtig, rücksichtsvoll, aufmerksam und so weiter).

● Ich vertraue vollkommen auf mich, in jeder Situation und gegenüber allen Menschen.

● Mein Leben befindet sich in Einklang mit der göttlichen Ordnung. Ein jegliches hat seine Zeit. Mein Höheres Selbst weiß, daß Gottes Kraft jetzt in mir zu meinem Besten wirkt.

● Schenke mir die Liebe der Unendlichen Intelligenz, größere Geduld.

Für inneren Frieden

● Ich bin ein Kind Gottes. Ich entspanne mich in Körper, Seele und Geist. Verkrampfung, Streß und Belastung existieren nicht mehr. Ich bin gelöst und lasse los.

● Ich sehe jedem Tag mit Zuversicht und Begeisterung entgegen, bereit, jeder Schwierigkeit mit Gemütsruhe und Sicherheit zu begegnen.

● Der Friede meines Höheren Selbst durchdringt meinen Körper vom Scheitel bis zur Sohle. Es gibt nichts in mir, was nicht diesen Frieden spürt.

● Der Frieden Gottes durchdringt alle Bereiche meines Bewußtseins. Ich ruhe in seinem Frieden.

● Ich bin gelassen. Die friedvolle innewohnende Gegenwart meines Höheren Selbst macht mich stetig ruhiger. Ich befinde mich in Frieden.

● Vater, in deiner Barmherzigkeit, deiner Gnade, laß mich und mein Bewußtsein den Frieden meines Höheren Selbst gewahr werden. Damit ich vielleicht häufiger sagen kann: »Vater, dein Wille geschehe in mir und durch mich Tag für Tag.«

● Der unendliche innere Frieden, den der Höchste Geist im Überfluß besitzt, erfüllt auch mich im Überfluß. Dieser Frieden durchströmt meinen Geist, meinen Körper und meine Seele. Ich befinde mich in Frieden.

Für Beziehungen zu anderen

● Ich bin mir in anderen nur des Guten gewahr.

● Ich verhalte mich in allen meinen Beziehungen zu anderen anpassungsfähig und tolerant.

● Ich liebe, mag und genieße.......... (Name des Ehepartners, Familienmitglieds oder Freundes).

● Ich freue mich an meinen jetzigen Freunden und schließe mit Vergnügen neue Freundschaften.

● Ich schenke meinen Kindern aufrichtig Liebe, Vertrauen, Glauben und Respekt und kann diese Zuversicht in meiner Beziehung zu ihnen stets zum Ausdruck bringen.

● Ich bin im Umgang mit allen Mitgliedern meiner Familie geduldig, geschickt und verständnisvoll.

● Ich liebe alle Menschen, und alle Menschen lieben mich ohne Besitzansprüche.

● Ich rufe die göttliche Liebe an, damit sie jetzt unsere Beziehung heilt. Ich rufe die göttliche Liebe an, damit sie diese Situation klärt und regelt.

● Liebe wandelt Situationen, die hoffnungslos erscheinen.

Um sich von negativen Einstellungen und negativen Aspekten im Leben zu lösen

● Ich löse mich von allen einschränkenden Gedanken der Angst und des Zweifels.

● Ich will nicht gefühlsmäßig verstümmelt sein, weil ich aufgrund meiner negativen Emotionen nur ein halbes Leben lebe.

- Ich bin frei von.......... (setzen Sie das passende Wort ein) Bosheit, Haß, Eifersucht, Groll, Mißgunst, Verwirrung, Frustration, Verkrampfung, Konflikten und Minderwertigkeitskomplexen.
- Ich löse mich von allen schädlichen Gedanken, falschem Glauben und negativen Gefühlen, die Eingang in meinen Körper und Geist gefunden haben.
- Ich bin frei von Groll gegen alle Dinge und alle Menschen an allen Orten. In meiner Vergangenheit und Gegenwart gibt es keinen Platz für Groll, weil mein Höheres Selbst mich durch und durch erfüllt.
- Ich gebe.......... mit Liebe und Segnungen frei.
- Ich bin erfüllt von Liebe, Freundschaft, Verständnis und Verzeihen. Ich hege weder Haß noch Groll oder Selbstmitleid und verurteile niemanden.
- Ich übergebe all meine Sorgen und Schwierigkeiten meinem Höheren Selbst. Es weiß mit diesen Problemen richtig umzugehen und wirkt nun zum Besten aller. Ich ruhe in seiner Güte.
- O Herr, ich gebe meine Familie in deine Hände. Ich lasse los und vertraue auf deine Entscheidung.
- Die negativen Gedanken und Taten anderer können mir nichts anhaben. Ich übergebe diese Gedanken und Taten mit Liebe an Gott.
- Ich vergebe dir deine Handlungsweisen, die sich gegen meine Lieben und mich richten. Ich überlasse diese Angelegenheit Gott, der alles richtet.
- Du,.........., besitzt keine Macht über mich. Du gibst mich jetzt frei. Du läßt mich aus deinem Leben gehen. Du läßt los und den Höchsten Geist wirken.
- Ich vergebe dir voll und ganz und überlasse dich der verzeihenden Unendlichen Intelligenz, die uns durch die Liebe befreit hat.
- Mir wird vom Höchsten Geist in Körper, Seele und Geist für alle meine vergangenen und gegenwärtigen Fehler vergeben. In diesem Glauben werde ich geheilt.

- Mein Höheres Selbst liebt dich und sieht das Gute in dir. Du willst mich nicht mehr verletzen. Das Höhere Selbst in dir sieht die Liebe und das Gute in mir. Dies wird sich nun in vollkommener Weise auf unser beider Leben auswirken.
- Ich übergebe dich Gott. Ich lasse los. Laß Gott in dein Leben treten. Für alle Betroffenen in dieser Situation geschehe nicht mein Wille, sondern der Wille Gottes.
- Das Vorurteil, das ich empfinde, wird beseitigt. In meinem verzeihenden Herzen ist kein Platz für Bitterkeit.
- Ich löse mich von allen falschen Vorstellungen und Gedanken, die ich über mich und andere hegte. Ich bin ein Kind meines Höheren Selbst, das mir all meine Fehler vergeben hat. Seine Gedanken über das Gute in mir und anderen erfüllen in diesem Augenblick meinen Körper. Ich bin ganz; ich bin jetzt und für immer frei.
- Ich löse mich von der Situation, die mein Näherkommen an mein Höheres Selbst, das alles weiß, verhindert. Mein Gebet wird jetzt erhört.
- Alles, was mir im Leben Schmerz und Groll verursacht hat, wird durch das mir innewohnende Höhere Selbst aufgelöst. Nun lebe ich mit meiner Umwelt in Frieden.
- Mein Höheres Selbst macht mich unabhängig von allen Menschen, Orten und Dingen, an die ich in Vergangenheit und Gegenwart gebunden war. Mein Höheres Selbst wird in meinem Leben seine wahren Wünsche für mich offenbar werden lassen.
- In meinem Leben ist kein Raum für Haß. Ich bin sanfte Liebe. Stets wirkt mein Höheres Selbst in mir zum Besten.
- Ich lasse nicht zu, daß ich einen Nervenzusammenbruch erleide. Ich übergebe dich,.........., gänzlich und freiwillig dem Höchsten Geist. Ich lasse los, damit der Höchste Geist in deinem Leben wirken kann.
- Froh und glücklich löse ich mich von allen alten Ideen, Dingen, Menschen und Vorstellungen, um Platz für neue Ideen, Dinge, Menschen zu schaffen. Dies ist zum Besten und realisiert sich nun in meinem Leben.

Für Gesundheit

- Ich bin voller Vitalität, Energie und Widerstandskraft.
- Die vollkommene Lebenskraft, die jedes Lebewesen durchströmt, beseelt und stärkt nun jede Zelle und Funktion meines Körpers.
- Ich denke, spreche und handle allein in vollkommener Gesundheit.
- Mag die Fülle meines Höheren Selbst meinen Geist, meine Seele und meinen Körper mit der Liebe durchströmen, die in jeder Hinsicht Heilung bringt.
- Die göttliche Liebe meines Höheren Selbst wird alle Wünsche auslöschen, die dem Wohlbefinden meines Körpers hinderlich sind.
- Ich bin vollkommen, ich bin ganz, ich werde geliebt, mein Körper wird geliebt.
- O Höchster Geist, sei in der Stunde der Not meinem Körper, meinem Geist und meiner Seele gnädig. Heile du alle meine Schwächen durch mein Höheres Selbst, welches dich in mir lebendig macht.
- Führe mich auf dem Weg, o Höheres Selbst, der mir an allen meinen Tagen Heilung, Verständnis und ein rechtschaffenes Herz gibt.
- Ich nehme diese Krankheit nicht hin. Die Unendliche Intelligenz hat für mich eine vollkommene Gesundheit ohne Schmerzen vorgesehen. Ich bin geheilt und nehme diese Heilung jetzt an.
- Mein Körper ist der Tempel des lebendigen Herrn. Ich bin erfüllt von der Unendlichen Intelligenz Gottes, der diesen Körper nur vollkommen und ganz sieht. Ich nehme die Diagnose, unheilbar krank zu sein, nicht an. Ich bin ein vollkommenes Kind Gottes, und seine Vollkommenheit lasse ich jetzt Wirklichkeit werden.
- Durch die Gegenwart meines Höheren Selbst in mir vermag ich alles zu tun. Es gibt keine Grenze für die heilende Kraft, die mich durchdringt und nun heilt.

- Ich beanspruche die heilende Kraft, die in mir in jeder Weise Ausdruck findet. Alles, was nicht Gesundheit und Ganzheit ist, kann mir nichts anhaben. Dieses Gute beanspruche ich nun für mein Leben.
- Ich bin vollkommen, ich bin heil, ich bin gesund.

Um Segnungen zu erhalten

- In diesem Augenblick meines Lebens bin ich ein offenes Gefäß für die Segnungen des Höchsten Geistes. In allen Bereichen meines Lebens empfange ich Segnungen.
- Die Erde bringt selbst ihre Früchte der Ernte hervor.
- Nun empfange ich alles, was mein Höheres Selbst besitzt und gut für mich ist. Seine Güte mir gegenüber ist grenzenlos. Diese Güte ist mein. Ich nehme sie nun an.

Um Hindernisse zu überwinden

- Mein innewohnendes Höheres Selbst vermag alles zu tun. Mir sind keine Grenzen gesetzt. Mein Körper, mein Geist und meine Seele befinden sich in Einklang mit der göttlichen Ordnung.
- Ich preise die göttliche Liebe dafür, daß es einen geraden, weisen Weg aus dieser Notlage gibt.
- Durch die Macht meines Unterbewußtseins vermag ich alles zu tun.
- Dieses Problem, dem ich gegenüberstehe, kann mir nichts anhaben. Es wird mir helfen und einen besseren Menschen aus mir machen. Es wird meinen Charakter verbessern. Ich werde dieses Problem im rechten Geiste betrachten und tun, was notwendig ist, um es auf die richtige Art und Weise zu bewältigen. Dann werde ich in der Lage sein, anderen Menschen zu helfen, die vielleicht mit ähnlichen Problemen zu mir kommen.
- Mein Körper ist vollkommen und heil. Jede Zelle ist vollkommen und heil. Jeder Knochen ist vollkommen und heil.

Um abzunehmen

- Ich reduziere mein Gewicht und specke ab. Benutzen Sie nicht das Wort *verlieren*, denn verlieren impliziert, daß Sie das Verlorene gern zurückhaben möchten. Wenn Sie dieses Wort verwenden, wird Ihnen Ihr Unterbewußtsein jedes Pfund, das Sie verloren haben, zurückbringen.

Um größere Leistungen zu vollbringen

- Ich bin ein.......... (Golfer, Kegler usw.) und zu Spitzenleistungen fähig.
- Ich bin vollkommen zuversichtlich, ausgeglichen und entspannt.
- Ich vertreibe hinsichtlich dieses Sports jeden Gedanken an Zweifel, Angst und Unzulänglichkeit und erkenne, daß diese Gedanken meine wirklichen Fähigkeiten beschneiden.

Für finanzielle Hilfe

- Mir stehen alle finanziellen Möglichkeiten offen, in mein Leben strömt nun Gutes im Überfluß.
- Mein Höheres Selbst ist mächtig und grenzenlos. Es ist mein wirklicher Urquell, und durch mein Höheres Selbst werde ich im Leben Erfolg haben. Die in meiner jetzigen Situation erforderlichen Mittel sind vorhanden.
- Nun ist Gott mir gewogen.
- Bei Tag und bei Nacht werde ich in all meinen Belangen gefördert.

Zum Verkauf Ihres Hauses, Autos oder anderen Dingen

- Mein Haus (oder..........) ist verkauft. Es entspricht genau den Vorstellungen des Käufers, und der Preis ist fair.

Für die Arbeit

- Meine Arbeit ist perfekt für mich, und ich bin perfekt für meine Arbeit.
- Ich bekomme die Stellung, und ich habe sie verdient.

Für die Ehe

- Mein Höheres Selbst zieht genau in diesem Augenblick den Mann (oder die Frau) an, der/die mich glücklich machen wird, und den/die ich glücklich machen werde.
- Wenn es vorgesehen ist, daß ich heirate, so laß es geschehen. Hast du andere Pläne mit mir, dann laß sie in meinem Leben offenbar werden. Befreie mich von dieser Sehnsucht in meinem Herzen. Befreie mich, damit ich der Zukunft furchtlos entgegensehen kann.

Zum Schutz aller Dinge in Ihrem Leben

- Ich übergebe dich in die Hände der Unendlichen Intelligenz, die nur das Beste für dich will. Und dieses Beste wird sich zur rechten Zeit und in der rechten Weise durch dein Höheres Selbst manifestieren.
- Der Höchste Geist wirkt durch mich, in mir und um mich herum. Es gibt nichts auf der Welt, das mir schaden kann. Ich bin immer in seiner Gegenwart.
- Es gibt nichts in der sichtbaren oder unsichtbaren Welt, das mir Schaden zufügen oder angst machen kann. Mein Höheres Selbst ist in mir und um mich. Das weiße Licht der Liebe schützt mich vor allen negativen Dingen.
- Ich rufe meinen Schutzengel an, der mich beschützt und bei Tag und Nacht über mir wacht. Mein Weg ist frei für alles Gute.

Für Führung

- Mein Leben wird durch die göttliche Hand meines Höheren Selbst gelenkt. Ich kann im Leben nichts falsch machen. Seine Ideen wirken durch mich und in mir zum Besten aller. Ich löse mich von allen negativen Situationen meines Lebens, die dieser Führung vielleicht hinderlich sein könnten.

- Die göttliche Liebe wirkt nun in vollkommener Weise in mir und durch mich hindurch.

- O Höchster Geist, mögen die Worte aus meinem Mund und die Meditationen meines Herzens mich erfahren lassen, was in deinen Augen im Augenblick für mich notwendig ist.

- Die göttliche Liebe wirkt in dieser Situation auf vollkommene Weise.

- Die Unendliche Intelligenz meines Unterbewußtseins offenbart mir meinen wahren Platz im Leben.

- Mein Unterbewußtsein weiß stets, welche konkreten Ziele ich mir setzen muß, und in diesem Augenblick vermittelt mir mein Unterbewußtsein die entsprechende Information.

- Ich bitte mein Höheres Selbst, in diesem Augenblick offenbar zu werden, und mir mein wahres Potential in diesem Leben zu zeigen.

Um zu glauben

- Göttlicher Glaube durchdringt meinen gesamten Körper und Geist. Mein Glauben in alle Dinge ist wiederhergestellt. Ich *bin* Glauben. Ich habe Glauben.

- So, wie ich es dachte, wird es gewiß geschehen.

- Ich bin ein Traum des Höchsten Geistes.

- Worum du auch im Gebet bittest, daß es dir gegeben wird, es wird dein sein.

- Mein ist der Glaube. Mein Leben ist erfolgreich, mein Ehepartner liebevoll, meine Kinder sind großzügig, und ich bin liebevoll.

- Worum du auch in meinem Namen bittest, ich werde es tun.

- Im Namen meines Höheren Selbst bitte ich darum, daß.......... sich nun in meinem Leben manifestiert.
- Mein Höheres Selbst findet für alle Betroffenen eine gute Lösung.
- Höchster Geist, verwende mich in der Art und Weise, die du für richtig hältst, damit mein Körper ein lebendes Beispiel deiner Liebe zu meinen Brüdern werden möge.
- Möge die Liebe meines Vaters Tag und Tag mehr und mehr durch mein Höheres Selbst in mein Bewußtsein einströmen.
- Mag das Wissen um den Herrn mein Leben und meinen Körper so erfüllen, daß ich zu einem »Kanal« in seinem Namen werde.

Um das weiße Licht anzurufen

- Das weiße Licht meines Höheren Selbst scheint um mich herum und durch mich hindurch. Alle meine Angelegenheiten sind von dem weißen Licht umgeben.
- Das weiße Licht meines Höheren Selbst umgibt meine Kinder, mein Heim und meinen Arbeitsplatz und alles, was mein Leben in irgendeiner Weise berührt, und es schützt uns vor jeglichem Schaden.
- Das reine weiße Licht meines Höheren Selbst schützt mich in jeder Hinsicht – geistig, körperlich und spirituell.
- Ich lenke das weiße Licht durch meinen Körper, damit es mir hilft, in meinem gesamten Organismus Gesundheit, Vitalität und jugendliche Schönheit wiederherzustellen.

Um sich auf den Höchsten Geist einzustimmen

- Der Höchste Geist ist die einzige Kraft im Universum, und diese Kraft ist stets in mir.
- Ich bin Ausdruck der Liebe des Höchsten Geistes. Ich lasse mich durch seine Liebe führen, unterweisen und inspirieren.
- Die göttliche Liebe, die durch mich nun zum Ausdruck kommt, zieht alles zu mir hin, was notwendig ist, um mich

glücklich und mein Leben vollkommen zu machen.

- Ich danke der göttlichen Gegenwart in mir, die meine Gebete erhört hat. Im Namen meines Höheren Selbst danke ich.
- Dein Wille, o Höchster Geist, weiß, was das Beste ist, was dazu dient, das Gute im meinem Leben zu mehren. Es wird nun im Sinne meiner Vorhaben wirken.
- Ich bin vollkommen, und die Kraft meines Höheren Selbst ist in mir.
- Ich *bin*. Ich brauche das nicht zu verstehen. Ich weiß nur, daß es so ist. Mein Höheres Selbst durchströmt mein Bewußtsein und meinen Körper. Ich bin grenzenlos in dem, was ich mit dieser Kraft zu tun vermag. Ich bin voller Freude und vollkommen. Ich bin erfüllt von Liebe und Glück.
- Ich bin das Glück.

Um das Schicksal zu meistern

- Ich bin geistig, körperlich und spirituell Herr meines Schicksals.
- Ich bin Herr über meine Bestimmung.

Ein Gebet für heute

- Dies ist der Beginn eines neuen Tages. Die Unendliche Intelligenz hat mir diesen Tag geschenkt, um ihn nach meinem Willen zu gestalten. Ich will ihn gut nutzen, denn ich tausche dagegen einen Tag meines Lebens ein. Wenn das Morgen kommt, dann wird dieser Tag für immer vergangen sein, und etwas ist an seiner Stelle geblieben, das ich gegen ihn eintauschte. Damit ich mich über den Preis, den ich dafür zahlte, freuen kann, soll dieses Etwas ein Gewinn sein und kein Verlust. Gutes, nichts Böses. Erfolg, kein Versagen.

Die Psalmen

● Inspiriert durch den Höchsten Geist sind die Psalmen eine uralte Quelle für Erquickung und Trost. Sie wurden in der Vergangenheit für persönliche wie für öffentliche Gebete verwendet. Wie Sie feststellen werden, lassen sich die folgenden Psalmen als Affirmationen in verschiedenen Situationen verwenden.

Psalm   4: Wenn Sie in Bedrängnis sind
Psalm   5: Vor dem Meditieren
Psalm   6: Bei gesundheitlichen Problemen
Psalm   7: Wenn Sie sich verfolgt fühlen
Psalm 13: Zum Bitten um Vergebung
Psalm 17: Vor dem Zubettgehen, für vollkommene Harmonie in Ihrem Leben
Psalm 23: Wenn Sie einsam sind
Psalm 25: Für Wahrheit und die Lehre der Wahrheit
Psalm 27
und 30: Wenn Sie Angst, Furcht oder Sorgen empfinden
Psalm 31: Für Feinde oder Nachbarn, die verleumden oder lügen
Psalm 35: Um in Ihrer Sache zu plädieren
Psalm 41: Für die Armen; für die Heilung Ihrer Seele
Psalm 67: Für alle Nationen
Psalm 86: Für die Armen und Bedürftigen
Psalm 88: Für die Sterbenden
Psalm 91: Für Gott, Ihren Beschützer
Psalm 103: Um Gottes heiligen Namen und alle, die für ihn wirken, zu loben
Psalm 116: Zum Dank für ein erhörtes Gebet
Psalm 146: Für Trost im Unglück

GOLDMANN VERLAG

Dr. Joseph Murphy

GRENZWISSENSCHAFTEN
ESOTERIK

Dr. Joseph **MURPHY**
Der Weg zu innerem und äußerem Reichtum
Ihr Denken gestaltet Ihr Leben

11767

GRENZWISSENSCHAFTEN
ESOTERIK

Dr. Joseph **MURPHY**
Das I-Ging-Orakel Ihres Unterbewußtseins

11757

ESOTERIK

Dr. Joseph **MURPHY**
LEBEN IN HARMONIE
Der Kosmos: Die unversiegbare Quelle Ihrer Kraft

11751

ESOTERIK

Dr. Joseph **MURPHY**
Die kosmische Dimension Ihrer Kraft
Positives Denken im Einklang mit dem Universum des Geistes

11755

ESOTERIK

Dr. Joseph **MURPHY**
Das Wunder Ihres Geistes
Ein Buch der Entdeckung und Wandlung

11739

ESOTERIK

Dr. Joseph **MURPHY**
Die Gesetze des Denkens und Glaubens
Sie werden, was Sie denken und glauben

11734

ESOTERIK

Dr. Joseph **MURPHY**
Die unendliche Quelle Ihrer Kraft
Ein Schlüsselbuch positiven Denkens

11736

Joseph Murphy, Dr. theol., jur., rer. nat., verstorben im Dezember 1981, vermittelte seit mehr als einem Vierteljahrhundert durch persönliche Beratung und öffentliche Vorträge unzähligen Menschen in aller Welt das Vertrauen in die Kraft des menschlichen Geistes. Seine Bücher wurden in mehrere Sprachen übersetzt und erreichten Auflagenziffern von über einer Million. Sein Studium der Weltreligionen hat ihn davon überzeugt, daß allem Leben eine universelle Kraft innewohnt.